COACHING
FAMILIAR

EDUCAÇÃO DE FILHOS E SOLUÇÃO DE CONFLITOS

Presidente:
Mauricio Sita

Capa
Estúdio Mulata

Diagramação:
Lucas Chagas

Revisão:
Bárbara Cabral Parente

Gerente de Projetos:
Gleide Santos

Diretora de Operações:
Alessandra Ksenhuck

Diretora Executiva:
Julyana Rosa

Relacionamento com o cliente:
Claudia Pires

Impressão:
Rotermund

Dados Internacionais de Catalogação na Publicação (CIP)
(Câmara Brasileira do Livro, SP, Brasil)

Coaching familiar. -- São Paulo : Literare Books
International, 2018.

Vários autores.
ISBN 978-85-9455-057-6

1. Coaching familiar 2. Família - Aspectos
psicológicos 3. Mães e filhos 4. Pais e filhos
5. Relações interpessoais.

18-13846   CDD-158.1

Índices para catálogo sistemático:

1. Coaching familiar : Psicologia aplicada   158.1

Literare Books
Rua Antônio Augusto Covello, 472 – Vila Mariana – São Paulo, SP.
CEP 01550-060
Fone/fax: (0**11) 2659-0968
site: www.literarebooks.com.br
e-mail: contato@literarebooks.com.br

Sumário

1

Como melhorar a performance de nossos filhos

Sabemos que os pais possuem muita preocupação com o futuro dos filhos, e que desde cedo é fundamental ter atitudes assertivas na educação deles para que esse haja sucesso. Vale refletir sobre como melhorar a performance dos filhos nos estudos e preparar para o ingresso em uma universidade, que é um dos caminhos para atingir o objetivo

Daiane Daumichen

Daiane Daumichen

Psicóloga formada pela Universidade São Judas Tadeu, com especialização em Psicologia Escolar. Coach formada pela Sociedade Brasileira de Coaching com certificação internacional. MBA em Gestão em Estratégica de Pessoas pela FGV. Atende em clínica particular, adultos, adolescentes e casais. Consultora de Crise, atendendo caso de lutos, pós-assalto, pós-sequestro, catástrofes, acidente aéreo, entre outras situações críticas e desorganizadoras, dentro de instituições financeiras, hospitais, domicílio e empresas. Palestrante em empresas. Coordenadora de trabalhos com adolescentes, abordando assuntos relevantes para essa faixa etária. Orientadora e reorientadora profissional. Articulista da revista Vertical News e outras revistas e jornais. Participante de programas de televisão e rádio com diversos temas.

Contatos
www.sereviver.com.br
contato@sereviver.com.br
daiane.psicologia@hotmail.com
(11) 99819-8781 / (11) 3681-9338

Para os pais, a questão sobre o futuro de seus filhos e a preocupação em formar uma pessoa de sucesso são primordiais, o que os levam à busca por uma boa escola, ensinar outros idiomas, proporcionar a oportunidade de vivenciar experiências no exterior, ensinar valores, posturas.

Sabemos que estudar para ter um ótimo desempenho escolar é fundamental para ingressar em uma universidade importante, pois, infelizmente, em nosso país a avaliação utilizada para entrar na faculdade acontece através de uma única prova que inclui ou exclui o candidato, sem outra possibilidade.

As escolas com Ensino Médio focado em resultado nas provas classificatórias de vestibular enfatizam a necessidade do estudo intenso dos conteúdos cobrados. Colocam para o aluno que quanto mais dedicação, mais probabilidade de sucesso. Mas será que a "matemática" é essa?

Ultimamente venho recebendo em meu consultório muitos jovens com crises de ansiedade atrapalhando a performance nas provas. Muitos pais desesperados com o péssimo desempenho escolar de seus filhos e, consequentemente, a desesperança frente a um futuro de sucesso. Qual o motivo desse cenário? O que impede o aluno de não conseguir o resultado necessário, seja nas avaliações internas ou externas?

A resposta pode estar ligada à falta de objetivo, foco e sentido. É lógico que se dedicar a estudar conteúdos, ler, escrever é imprescindível, pois faz parte das metas de vida, mas sem dúvida nenhuma ter a clareza do que se quer no futuro pode o tornar mais dedicado às questões escolares.

Não adianta dizer para uma criança ou adolescente que precisa estudar para ter disciplina quanto ao horário de fazer seus deveres escolares, ler a bibliografia exigida, simplesmente porque é a obrigação. A indisciplina é a consequência clara de que o indivíduo não tem objetivo, tampouco sentido para fazer aquilo. É preciso sentir-se atraído a exercer qualquer tipo de esforço.

Com a tecnologia, o interesse do jovem mudou e a necessidade de atividades mais dinâmicas e inovadoras é constante. Temos que considerar a quantidade de variáveis que dispersam atenção durante o estudo, leitura, como o tempo dispendido com o mundo virtual. E não adianta negar essa realidade. O mundo real é que precisa se esforçar para atrair essa turma, buscar neles os seus sonhos e objetivos.

É preciso evitar a crise de sentidos e objetivos que levam à desmotivação nos estudos, queda em sua performance escolar e consequentemente em outros campos da vida.

O que você vai ser quando crescer?

Respondíamos essa pergunta, com profissões, personagens que admirávamos, como bombeiros, policiais, professores, presidente da república, reis e rainhas, ou simplesmente que queríamos ser ricos. Isso ia mudando a cada momento da infância.

Hoje não é comum fazer essa pergunta, porque para os pais já está definido: o filho vai estudar numa universidade de nome e ganhar dinheiro. Mas quando alguém faz essa pergunta e a criança responde com um dos "sonhos", é provável que será hostilizado ou repreendido, por ser profissões sem futuro.

Essa atitude de privar o sonho do futuro, ainda que de uma criança que está longe de saber realmente o que será quando adulto, contribui para uma pessoa que no futuro terá dificuldade de se imaginar em situações futuras e até fazer planos.

Essa pergunta, que parece inofensiva, desperta sonhos, leva a buscar modelos que admira e que quer seguir, faz fantasiar e pensar nas diversas possibilidades de ter e ser no futuro, desenvolvendo crenças fortalecedoras. Ao passo que reprimir ou hostilizar profissões que uma criança diz querer ser desenvolve crenças limitantes, preconceitos em relação a si e aos outros.

As crianças e jovens possuem determinação e capacidade persuasiva em relação aos seus desejos e sabem focar. É com isso que os pais e professores podem e devem se pautar para motivá-los.

Certo dia, fui procurada por um casal, no meio do ano letivo, pois seu filho de 13 anos estava quase reprovado na escola. Pediram para que eu trabalhasse a autoestima frente à situação caótica em que ele estava.

Durante a sessão com os pais, relataram que o menino não se dedicava aos estudos e que só pensava em crescer, ser presidente de uma multinacional no exterior. A família acreditava que aquilo era uma fuga dos estudos e que o fazia perder ainda mais o foco.

Ao ouvir o relato, coloquei para os pais a minha ideia de usarmos justamente isso e darmos um sentido aos estudos e ser aprovado. Mesmo sem acreditar nessa possibilidade, os pais confiaram em mim.

Na primeira sessão com o menino, encontrei resistência inicial, estava desmotivado e conformado com seu fracasso escolar, disse que estava descrente, que havia passado por psicopedagoga e diversos professores particulares. Expliquei que o trabalho era diferente e partimos para a lista dos sonhos e depois como ele se vê no futuro.

O sonho de ser um empresário no exterior veio à tona e eu propus que esse fosse um objetivo de vida, que metas seriam traçadas para que ele chegasse lá. Colocamos um prazo de 25 anos para ser atingido. Embora o menino tenha achado estranho o fato de "compactuar" com seu sonho, a motivação para cumprir as metas era explícita.

Definimos que ser aprovado na escola é uma das metas importantes para se atingir o objetivo, portanto, a cada ano escolar perdido, será adicionado no prazo estipulado. O resultado foi que ele eliminou todas as recuperações e foi aprovado no ano letivo, e a partir daí há um sentido para se dedicar aos estudos.

Esse é, sem dúvida nenhuma, um case de sucesso. A utilização das ferramentas do *coaching*, em vinte sessões, foram essenciais, mas o apoio dos pais no processo foi fundamental. Ao valorizarem o sonho do filho, que parecia absurdo, o resultado foi uma valiosa ferramenta motivacional constante, para melhorar a performance nos estudos.

Quaisquer pais podem e devem aproveitar os sonhos dos seus filhos para motivá-los a chegar aonde querem e precisam. Cuidado ao tentar motivá-los com os seus sonhos, pois o resultado pode ser insatisfatório para todos. Portanto, basta percebê-los através das suas histórias, sonhos, perspectivas de futuro, ainda quando pequenos. Jamais hostilizar ou reprimir qualquer fala, mesmo que pareça absurda. Aproveite essa oportunidade para compreender o que ele pensa, estreitar um diálogo sadio e poder, lá na frente, orientar sem desviar o foco de maneira natural.

2

A culinária pedagógica e sua influência nos processos de aprendizagem

O ato de comer, muitas vezes, está relacionado a questões do âmbito social, estético e emocional. Não é à toa que a maioria dos rituais sociais de celebração envolve comida. E então nos perguntamos: que relações existem entre o ato de comer ou entre a falta dele e os aspectos emocionais que influenciam a aprendizagem?

Daniela Marques

Daniela Marques

Bacharel em Direito com especialização em Direito Especial da Criança e do Adolescente. Pedagoga com especialização em supervisão escolar, psicopedagogia e psicomotricidade. Compôs a equipe do NAPES – Núcleo de Apoio Pedagógico especializado da SEEDUC/RJ. Secretária Municipal dos Direitos da Pessoa com Deficiência no município de Nova Iguaçu. Coordenadora do setor de pedagogia e psicopedagogia da Obra Social Dona Meca. Consultora em educação inclusiva da Apae de Nova Iguaçu. Psicopedagoga do Instituto Priorit, especializado em atendimento de crianças com autismo. Professora convidada da Universidade Castelo Branco. Idealizadora da metodologia da CULINÁRIA PEDAGÓGICA.

Contatos
www.danimarquespsicopedagogia.blogspot.com
culinariapedagogica@gmail.com
(21) 97041-4464

Feche os olhos, imagine-se em um mundo sem cor, sem cheiro, sem gosto. Qual sensação o envolve nesse momento? Continue de olhos fechados e imagine lentamente esse mundo sendo invadido por cores, gostos, cheiros, temperaturas, texturas e sons. Quais os sentimentos que o invadiram junto com esses elementos?

Desde o útero materno, nossa relação com a comida vai sendo margeada pela vivência emocional de nossas mães, pois o bebê pode compartilhar com ela tanto as emoções negativas quanto as positivas. Essa interação emocional se dá por meio da presença de hormônios associados a cada tipo de emoção, e que chegam até o feto via placenta. É, também, por meio da placenta que recebemos os nutrientes necessários ao nosso desenvolvimento no ventre materno. Esse processo alimentar precoce nos insere no mundo dos sabores e, assim, iniciamos a formação do paladar.

A alimentação é a causa primeira de contato do ser humano com a aprendizagem. Mal saímos da barriga de nossas mães e já sugamos seu seio instintivamente. Onde aprendemos isso? Quem nos ensinou?

A maioria dos rituais sociais de celebração envolve comida. E então nos perguntamos: que relações existem entre o ato de comer e os aspectos emocionais que influenciam a aprendizagem?

A presença dos alimentos tidos como marcadores de eventos sociais, como o bolo de aniversário, o chocolate da Páscoa, a ceia de Natal e tantos outros vem, durante toda a nossa vida, acompanhando o nosso desenvolvimento. As comidas cotidianas escondem histórias e valores ligados ao ser psíquico e ao social, já que a primeira aprendizagem social da criança está intimamente ligada à alimentação.

Geralmente a comida desejada e apreciada é aquela definida pela vivência familiar e social, o que leva a crer que, ao comer, o homem interioriza valores da sua cultura e exterioriza comportamentos definidos pelo meio social onde cresceu.

Quando as pessoas comem, elas não apenas atendem as suas necessidades nutricionais, mas também se constroem e se potencializam como seres humanos em suas dimensões orgânicas, intelectuais, psicológicas e espirituais.

Dessa forma, nossa relação com a comida, desde muito cedo, é afetada pelas emoções.

O principal órgão de aprendizagem, o cérebro, depende do fornecimento correto de energia para funcionar. Em crianças que não recebem nutrientes suficientes, o cérebro fica sem substrato energético para funcionar bem, prejudicando a capacidade de raciocínio e de aprendizagem.

A psicopedagogia tem por objetivo identificar como se dão os processos de aprendizagem, quais são suas causas e como tratá-las, pois percebemos aqui que a aprendizagem se faz presente e é contínua. Então, qual a relação que pode ser estabelecida entre a alimentação e os processos de aprendizagem? Como a alimentação pode influenciar de forma lúdica, pedagógica e terapêutica o processo de aprendizagem?

A partir do momento que tomamos conhecimento de onde e como se dá o transtorno ou dificuldade de aprendizagem apresentada pelo indivíduo, seja ele criança, adolescente, seja adulto ou idoso, é por meio do prazer, do lúdico e do interesse significativo que exploramos seu melhor potencial e estimulamos o seu desenvolvimento.

Trabalho com crianças especiais há muito tempo, e antes mesmo de trabalhar com elas eu pertencia ao mundo delas por questões profissionais de meus pais, que sempre fizeram questão de me inserir neste mundo diferente, para que eu pudesse aprender desde cedo a encarar dificuldades e superações de maneira muito comum.

Sempre convivi com outras crianças com os mais diferentes tipos de deficiências e aprendi que a igualdade que nos marcava não vinha do andar cambaleante, da falta de visão, do atraso cognitivo ou do fato de não escutar ou falar, o que nos unia e nos transformava em iguais era a ingenuidade, a ausência de preconceito, o amor e a solidariedade. Mais adiante, resolvi aprender sobre cada uma daquelas deficiências e definitivamente muito cedo descobri meu lugar, meu caminho e meu propósito no mundo.

Origem da culinária pedagógica

O mundo que sempre girou em torno dos diferentes se transformou na minha profissão, em que agora, além de entendê-los, eu poderia estimulá-los. Certa ocasião, estava com uma criança autista com muitas dificuldades de entrar em contato com o mundo, principalmente no que dizia respeito ao processo pedagógico. Observando pequenas situações que proporcionavam algum prazer a ela e chamavam sua atenção para o mundo ao seu redor resolvi levá-la para a cozinha.

Fizemos um simples bolo de caneca no micro-ondas, escrevemos a receita, provamos, servimos um pedaço do bolo na recepção. E o resultado disso: sorrisos, alegria, entusiasmo, estímulo, comunicação e aprendizado.

Dessa forma, nasceu uma metodologia diferenciada que envolve o lúdico, o pedagógico e o terapêutico, no tratamento das dificuldades e transtornos de aprendizagem, batizada por mim de Culinária Pedagógica.

O que é a culinária pedagógica?

Cozinhar é uma atividade lúdica e muito divertida para o universo infantil, que vê a manipulação e o preparo dos alimentos como uma espécie de mágica. Por isso, quando as crianças são estimuladas a aprender noções de culinária, elas também passam a comer melhor e acabam interferindo nas compras da família, quando acompanham os pais nas idas aos supermercados.

Envolve a preparação de receitas diversas só que de forma interdisciplinar objetivando propiciar o desenvolvimento de habilidades específicas que se integrarão à sua vida futura, também trabalhando e assimilando os conteúdos pertinentes ao currículo escolar potencializando o foco da aprendizagem.

Alguns objetivos da culinária pedagógica

• Difundir noções de culinária e hábitos alimentares saudáveis, mas sempre relacionando o tema com os conteúdos pedagógicos, tais como leitura, escrita, unidades de medida, interpretação, quantidade, numeração, entre outros conteúdos, enfatizando memória, atenção e concentração.

• Exercitar os aspectos da vida diária, tais como lavar e enxugar louças e utensílios utilizados, arrumar mesas e bandejas para servir as receitas.

•Estimular os aspectos ligados à coordenação motora corporal grossa e fina, executados nos atos de enrolar, mexer, amassar, untar, desenformar, descascar, picar.

• Apresentar os valores monetários dos alimentos, percepção de comércio e classificação de alimentos.

• Exercitar os aspectos relacionados à socialização e afetividade.

• Perceber e efetivar aspectos ligados à higiene pessoal e manuseio dos alimentos.

• Viabilizar a importância da organização, disciplina, comportamento e regras sociais.

• Incentivar a prática do cultivo de alimentos saudáveis.

Receita interdisciplinar

Lição de planejamento e organização.

Antes de começar a cozinhar geralmente usa-se fazer o *mise en place* que consiste em:

1. Ler a receita.
2. Verificar se estão disponíveis todos os ingredientes.
3. Listar os ingredientes que faltam.
4. Orçar os preços dos produtos necessários.
5. Escolher os mais adequados e calcular o que pode gastar de acordo com as próprias possibilidades econômicas.
6. Preparar os utensílios que serão usados.
7. Dispor os ingredientes em cima de uma bancada, de forma ordeira, para, só depois, colocar as mãos na massa. A este processo chamamos de *mise en place*, e por meio dele oportuniza-se de forma interessante a necessidade de organização e disciplina necessárias não só ao preparo de receitas, mas também nas metodologias de estudo, nas regras sociais e até mesmo na nossa dinâmica diária.

Estimulação da leitura e da escrita

Podemos estimular a leitura e a escrita pelo registro da receita, da leitura dos rótulos dos ingredientes e dos componentes de cada embalagem, também são trabalhadas questões pedagógicas, tais como ortografia, significado das palavras, interpretação, classes gramaticais, pontuação, como pesquisar, como construir palavras, frases e textos.

Estimulação da atenção, concentração e memória

A tríade atenção, concentração e memória tem função primordial em todos os nossos processos de aprendizagem. A partir de cada uma delas, desenvolvem-se aspectos cognitivos que influenciam na linguagem oral, escrita e no raciocínio lógico. Por meio da elaboração e execução da receita estimulamos a atenção quando precisamos medir ou pesar algum ingrediente, ler atentamente os rótulos, fazer a relação entre as quantidades informadas na receita e os recipientes de medida usados para inseri-los na receita (colher, xícara, copo, pitada).

Estimulação da coordenação motora ampla e fina

O desenvolvimento da coordenação motora ampla e fina diz respeito aos movimentos corporais incluindo tomada de consciência do próprio corpo, autocontrole, destreza, lateralidade, ritmo, velocidade e equilíbrio.

Essas questões podem ser trabalhadas nas receitas durante a sua execução nos atos de colocar o uniforme, separar os utensílios, organizar os ingredientes sobre a bancada, manusear pequenos objetos, além de descascar, picar, enrolar, amassar e mexer.

Estimulação da parte sensorial: olfato, paladar, audição e tato
Para se falar em processamento sensorial, é necessário primeiramente compreender os tipos de modalidades sensoriais existentes. Elas incluem os sentidos classificados como ambientais, tais como a visão, a audição, o olfato e o paladar, e os classificados como corporais, como o tato, o vestibular e a propriocepção. Na culinária pedagógica, pela manipulação dos ingredientes com diferentes texturas, temperaturas, gostos e odores são estimulados todos os sistemas envolvidos na parte sensorial.

Preparação para o mercado de trabalho
Ao incluir pessoas com deficiência no mercado de trabalho, configura-se um novo grupo de consumidores, até então excluído da economia. Por meio da culinária pedagógica, busca-se a integração da parte terapêutica com o encaminhamento ao mercado de trabalho, aproveitando as potencialidades e habilidades de cada um, por meio da produção de receitas de doces e salgados que possam ser comercializados gerando lucros.

• Estimulação de atividades de vida diária
A culinária pedagógica pode intervir no estímulo das atividades de vida diária pela organização necessária e preparo da cozinha para a realização das receitas, da visita ao mercado para a realização das compras, identificando, dessa forma, preços, rótulos, marcas e estimulando a capacidade de reconhecimento e manipulação do dinheiro.

• Interligação com propostas pedagógicas
Desenvolvimento dos aspectos pedagógicos da sala de aula, utilizando os ingredientes, as unidades de medidas, os rótulos de embalagens etc. Os conceitos pedagógicos trabalhados são infinitos, mas podemos citar alguns: multiplicação, horas, frações, numeração decimal, seriação, sistema monetário, regionalismos, gêneros textuais, interpretação de textos, gêneros gramaticais das palavras, ortografia, produção textual, etimologia, influências na alimentação brasileira, alimentação nas diferentes regiões do Brasil e outros.

• Habilidades sociais
Existem várias classes de habilidades sociais, como empatia, assertividade, fazer amizades, solução de problemas interpessoais, comunicação e civilidade (DEL PRETTE & DEL PRETTE, 2009). Por meio dessa terapia, as habilidades sociais citadas podem ser trabalhadas nos

pequenos atos, como servir a receita, repartir, cooperar, refletir, resolver pequenos conflitos surgidos, por exemplo... Acabou o ovo, e agora?

Alimentação saudável e cultivo de alimentos

Estimular as crianças e adolescentes a produzirem o que consomem, além de explorar o potencial prático e cognitivo de cada um, proporciona uma execução saudável das receitas propostas na culinária pedagógica.

Afetividade

Pensar em qualquer tipo de alimentação e não pensar em afetividade é praticamente impossível, aqui podemos voltar ao início deste texto onde mencionamos a importância da alimentação desde a vida uterina e sua caminhada ao longo da existência dos seres humanos.

Essa metodologia surgiu pela emanação de afetividade que o alimento proporciona, e posso garantir que, nos dias em que são preparados os alimentos, uma atmosfera de aromas, risadas e sons se misturam pelos corredores onde estes passam para serem servidos, chegando ao destino final e alimentando não somente os estômagos, ou as dificuldades e transtornos de aprendizagens pendentes. Muito mais do que isso, estamos alimentando de afeto, carinho, sociabilidade e humanidade as almas de todos os envolvidos nesse processo.

Finalmente...

Desejo que a culinária pedagógica seja mais uma ferramenta prazerosa e eficaz de auxílio a vocês, leitores, no dia a dia de seus contextos familiares e educacionais.

Acredito que a melhor maneira de melhorarmos as relações humanas, nos auxiliando mutuamente, é compartilhando novos conhecimentos, técnicas e metodologias, e que a propagação de informações nos transforme infinitamente.

3

Coaching familiar
Encontros essenciais:
pais & filhos

"Essa é uma época difícil para os filhos, e também para os pais. Houve uma enorme mudança na natureza da infância nesses últimos dez ou vinte anos. Essa mudança torna mais difícil para a criança aprender as lições básicas do coração e exige mais dos pais que costumavam transmitir essas noções a seus filhos queridos. Os pais precisam ser mais espertos para ensinar aos filhos noções emocionais e sociais básicas."

John Gottman

Graça Santos

Graça Santos

Pedagoga, Mestranda do programa Máster Universitario en Resolución de Conflictos y Mediación da Universidad Europea del Atlántico. Palestrante, escritora, *Coach* Educacional com Certificação Internacional em PNL e *Coaching*. Consultora Nacional FTD Educação. Autora do livro *Coaching educacional: ideias e estratégias para professores, pais e gestores que querem aumentar seu poder de persuasão e conhecimento*. Coautora do livro PNL & *Coaching*, assinando o artigo "Como funciona seu GPS interno?", ambos publicados pela Editora Leader/SP. Coautora do livro *Planejamento estratégico para a vida*, com o capítulo "Você é o seu grande projeto?", da Editora Literare. Autora do artigo do dossiê intitulado "Coaching na educação: contexto, aplicação e possibilidades", na revista digital *Coaching Brasil*. Possui certificação em Emotologia. É facilitadora certificada em *Design Thinking* para Educadores pelo Educadigital/SP. Parceira da *Startup* Flor de Pimenta – Vegan Soul Food.

Contatos
www.orientandoquemorienta.com.br
graca@orientandoquemorienta.com.br
Facebook: maisgraca
Instagram: orientandoquemorienta
(21) 98191-4963

O projeto *Encontros essenciais: pais & filhos* é uma oportunidade de ampla reflexão e orientação das famílias e dos educadores que compõem as comunidades escolares no Brasil, além de um poderoso desafio. Como tudo começou...

Ao longo da jornada acadêmica e profissional, as incessantes inquietações e incômodos têm demonstrado a incompletude profissional no enfrentamento de várias indagações, fato que revela que sozinhos não respondemos às questões postas na sociedade no que se refere à educação.

As inspirações para criação desse novo *design* surgiram das observações referentes à baixa qualidade dos resultados das reuniões escolares destinadas aos pais e responsáveis e da necessidade de aproximação, entendimento e cooperação entre pais, professores e, consequentemente, dos filhos e alunos, no sentido de refletirem e redefinirem, num contexto colaborativo, os caminhos da verdadeira educação.

A mudança de mindset

Favorecendo, estimulando e coordenando esse ambiente coletivo de reflexão, aprendizagem e cocriação da ressignificação da comunicação entre pais e filhos, o projeto apresenta como proposta apoiar pais e professores em suas instituições, além de lhes oferecer orientação e amplo acesso ao atual conhecimento especializado sobre a infância, a adolescência, o desenvolvimento, a educação e a saúde, por meio de leituras de livros, palestras, oficinas e *workshops* usando abordagens, tais como *Design thinking, World* café, entre outras possibilidades pedagógicas inspiradoras para mudança de mentalidade e superação de obstáculos.

Questões relevantes

Encontros essenciais pais & filhos, por meio do exame orientado de questões relevantes para as comunidades escolares, pretende dar suporte e fomentar a reconstrução coletiva do projeto de educação transdisciplinar e multidisciplinar apoiado no tripé *coaching*, programação neurolinguística e educação emocional permeado pelos valores humanos.

A quem interessa os encontros essenciais

Segundo Luiz Lobo, pessoas bem informadas têm mais possibilidade de educar melhor uma criança e de fazer dela uma pessoa bem desenvolvida, bem resolvida e mentalmente saudável, emocionalmente inteligente. Nesse sentido, o projeto interessa a quem quer individual e coletivamente aprender a aprender sobre uma visão holística e despertar para uma nova consciência na educação dos filhos. Pormenorizando, o projeto interessa àqueles que desejam esclarecer como certas lógicas de raciocínio facilitam a ocorrência de melhorias no relacionamento; aqueles que desejam trabalhar a sua liderança familiar; aqueles que um dia se tornarão pais bem preparados para oferecer educação familiar. Interessa aos que estão ocupando o papel de educadores e são promotores de processos de melhorias; interessa mães e pais que podem aprimorar o relacionamento com os filhos e entendê-los melhor; a qualquer pessoa que, profissionalmente, precise lidar com crianças e adolescentes e queiram desenvolver uma melhor comunicação. Interessa a instituições de ensino que desejem promover o entrosamento família-escola, bem como obter um diferencial de *marketing* de relacionamento com os pais.

Alguns recortes teóricos essenciais

(...) A velocidade da comunicação tem produzido milhares de estudos, teses e especulações sobre a educação familiar. Curiosamente, a imensa maioria não informa aos pais sobre a importância da comunicação para educar os filhos (LOBO Luiz. *Escola de pais: para que seu filho cresça feliz*, 1977).

(...) Há apenas duas regras simplíssimas para se lidar com os filhos adolescentes. Primeira: "Não faça nada. Tudo o que você fizer estará errado". Segunda: "Fique por perto para catar os cacos, se for possível" (ALVES, Rubem. *E aí? Cartas aos adolescentes e a seus pais*, 1999).

(...) Informar e envolver os pais é, portanto, uma palavra de ordem, e ao mesmo tempo uma competência. O referencial aqui adotado retém três componentes dessa competência global: dirigir reuniões de informação e debate; fazer entrevistas e envolver os pais na construção dos saberes (PERRENOUD Ph. *Dez novas competências para ensinar*, 2001).

(...) O diálogo com os pais, antes de ser um problema de competências, é uma questão de identidade, de relação com a profissão, de concepção do diálogo e de divisão de tarefas com a família (PERRENOUD Ph. *Dez novas competências para ensinar*, 2001).

(..) Precisamos reconhecer que a tarefa é muito difícil, que exige qualidades de abertura, de escuta, de diálogo, de reconhecimento do outro em sua diferença, qualidades que estão na antípoda daquilo que aprendemos desde a nossa infância e que são pouco trabalhadas na formação inicial e contínua (PERRENOUD Ph. *A pedagogia da escola das diferenças*, 2001).

(...) No decorrer dos remanejamentos das leis escolares, as coisas são ditas de modo menos brutal, os textos dão aos pais direitos: direito de entrarem na escola, de serem informados, associados, consultados; o direito da administração das instituições (PERRENOUD Ph. *Dez novas competências para ensinar*, 2001).

(...) Um sentimento é a vontade e a proposta de ser um pai modelo, outra coisa bem diferente é a realidade de conseguir ser. Na briga entre as duas faces da moeda, o filho perde as referências (TIBA Içami. *Disciplina – Limite na medida certa*, 1996).

(...)Quanto mais efêmero e imprevisto o mundo, mais a família será importante (TOFLER, Alvin. *A terceira onda*, 1980).

Alinhamento de objetivos

Os participantes colaboram efetivamente para alinhamentos dos seguintes objetivos:

- Compartilhar os conhecimentos básicos educacionais, técnicas e abordagens educativas que favoreçam a ressignificação de conceitos e a convivência entre pais e filhos;
- Desenvolver o ser humano, em caminhada para o outro e a busca do transcendente;
- Preparar para um mundo em constante mudança;
- Reforçar o diálogo familiar apresentando novos textos e contextos;
- Favorecer ambientes de discussão para resgatar e redimensionar valores e princípios morais e éticos;
- Gerar um efeito multiplicador das questões e ideias veiculadas nos encontros;
- Estimular a aproximação e a cooperação entre pais e filhos;
- Criar espaços físicos de ação onde se exercitem as habilidades que se deseja desenvolver, garantindo maior participação dos pais na escolaridade dos filhos;
- Potencializar o elo afetivo familiar por meio das estratégias e metodologias apresentadas no processo de *coaching* familiar.

O caminho

A aquisição de novos conhecimentos teórico-práticos tem sido iluminada por meio de uma visão transdisciplinar para a construção de preciosos momentos para os pais aproveitarem ao máximo a convivência com os filhos. E treiná-los no exercício de habilidades humanas-chaves como compreender pensamentos e reações perturbadoras e lidar com eles, além de autocontrole e empatia. Serão apresentadas bases científicas e práticas como instrumentos essenciais para a vida e a convivência harmoniosa familiar.

O caminho a ser cocriado deverá ajudar pais e professores em suas instituições por meio de seminários, cursos de capacitação, oficinas para pais, professores e alunos, formação e coordenação de grupos de autoajuda, círculos de estudos mensais, bimestrais ou no período alinhado com o desenvolvimento de técnicas que facilitam o debate, a reflexão e a interiorização de temas abordados dentro de uma sequência lógica de desenvolvimento através da aplicação de ferramentas de *coaching*, PNL e Teia da vida.

Benefícios

O projeto *Encontros essenciais pais & filhos* busca atuar principalmente em escolas, mas também em clubes comunitários, empresas, condomínios, onde os pais são chamados a participarem de um trabalho sistemático visando obter resultados positivos usando novos instrumentos de trabalho, indo além do instrumental e verificando aspectos culturais envolvidos.

Vislumbrando realizar um trabalho de desenvolvimento da comunicação e liderança parental essencialmente, compreendendo que ninguém educa ninguém, existindo apenas uma autoeducação, em que cada um, após se autoconhecer, descobre e desenvolve as suas potencialidades acessando-as em contextos diversos, empreende-se os seguintes benefícios:

- Promoção da melhoria do relacionamento familiar, culminando em maior entrosamento família-escola-instituição-sociedade;
- Conscientização dos pais da oportunidade de trabalharem colaborando conscientemente na educação dos filhos neste novo tempo;
- Possibilita a melhoria do relacionamento familiar e, consequentemente, a mediação dos problemas, por meio de uma comunicação melhor elaborada entre pais, filhos e professores;
- Conscientização dos participantes sobre a necessidade da ampliação de conceitos no que se refere à comunicação entre pais e filhos;
- Oferta de um diferencial qualitativo da escola com relação às reuniões de pais e responsáveis;
- Sediar o projeto em sua unidade escolar, abrindo espaço para a comunidade.
- Criação de oportunidades de aprendizados para os pais;

- Integração dos *Encontros essenciais* como um projeto de responsabilidade social na empresa;
- Ampliação da visão dos padrões predominantes de conversação no ambiente familiar-escolar, trazendo princípios e habilidades de diálogo para a convivência diária, auxiliando e estimulando a colaboração, parceria e liderança compartilhada na arte de educar filhos-alunos.

Como promover entre pais e filhos os encontros essenciais

A estrutura e organização pedagógicas são articuladas e dialogam com a realidade da instituição que deseja promover o projeto. Os principais eixos de trabalho são criatividade, expressão, fundamentação teórica e reflexão, além da prática e instrumentação dos temas transversais com foco no que realmente importa.

- Realizando reuniões com propósito definido;
- Ministrando cursos de aprimoramento com os pais e responsáveis;
- Fazendo seminários, grupos de estudos, *workshops* e congressos destinados à aprendizagem dos pais;
- Organizando fóruns de debate baseados em livros específicos;
- Promovendo encontros em condomínios e ambientes de trabalho dos pais.

O desenvolvimento do projeto é realizado sempre em parceria com os profissionais da instituição, com o propósito de formar uma célula multiplicadora.

A instituição deverá oferecer um local favorável para os encontros, além de designar um profissional responsável para acompanhar os trabalhos e apoiar a realização dos encontros.

Temas transversais

A prática dos encontros essenciais será norteada por temas transversais que ofereçam formas irresistíveis para abrir espaços para que a sabedoria e a inteligência coletiva se manifestem em qualquer cenário de parceria.

Alguns temas elencados:

- Relatório Delors e os quatro pilares da educação contemporânea (aprender a ser, a fazer, a viver juntos e a conhecer);
- Os sete saberes necessários à educação do futuro enunciados por Edgard Morin;
- *Coaching* com PNL para potencializar a comunicação;

- Educação emocional;
- Redescoberta do poder transformador da conversa;
- Exercícios de empatia e escuta ativa;
- Fases do desenvolvimento da ferramenta Teia da vida;
- Desenvolvimento de comunidades e liderança parental para a criação de filhos inteligentes emocionalmente.

Alguns comentários de quem vivenciou o projeto

"Acho que todos nós, por mais preparados que estejamos, temos dúvidas de como educar os filhos. Sou divorciada e tenho filhos em idades difíceis, e vejo neste projeto a oportunidade de compartilhar novas percepções sobre a família ideal x real. A didática, os debates e a troca de experiências são animadoras e transformadoras!"

"Muitas tentativas de fazer algo diferente... Fiz e faço... Busco sair da caixinha e permitir fluir a criatividade que os complexos contextos oferecem... Quero promover encontros em que possamos juntos cocriar um novo tempo na qualidade da comunicação entre pais e filhos."

***

Para finalizar este momento e inspirar pessoas e instituições para a promoção de encontros essenciais...

Minha dor é perceber
Que apesar de termos feito tudo o que fizemos
Ainda somos os mesmos e vivemos como nossos pais.

Como nossos pais (Belchior)

Promova encontros... Eles são essenciais.

Referências

NORÕES, Ana Maria Teles. *A arte de tecer a vida*. Chiado Editora, 2014.

MORIN, Edgard. *Os sete saberes necessários à educação do futuro*. Unesco, 1999.

SENGE, Peter. *Escolas que aprendem*. Artmed, 2005.

SANTOS, Graça. *Ideias e estratégias para professores, pais e gestores que querem aumentar seu poder de persuasão e conhecimento*. Leader, 2012.

4

Meus filhos estão adolescentes, e agora?

O posicionamento dos pais nas relações com filhos adolescentes

Karla Corrêa

Karla Corrêa

Coach de Adolescentes, *Coach* de Mulheres e *Coach* de Liderança. Consultora, palestrante, escritora, professora e advogada. *Advanced Coach* (Abracoaching), *Teen Coach* (ICIJ-Instituto de Coaching Infanto juvenil), *Coach* de Liderança (Instituto Orientando Quem Orienta), *Coach* Mulher Única (Universidade da Família), Especialista em Gestão Educacional e Administração Pública, MBA em Gestão Empreendedora (UFF).

Contatos
www.karlacorreacoach.crieresultados.com.br
karlacorreacoach@gmail.com
Facebook: karlacorreacoach
Instagram: karlacorreacoach
(21) 98592-7275

"A palavra convence, mas o exemplo arrasta. Não se preocupe porque seus filhos não te escutam, mas te observam todo dia."
Madre Tereza de Calcutá

Na vida exercemos diversos papéis em muitos momentos. E um dos papéis mais difíceis de exercer é o papel de PAIS. Ter um filho implica responsabilidades extremas de educar e ensinar, entre outras coisas, valores e princípios, que nortearão a formação deste como pessoa. Como pai ou mãe sua figura será provavelmente o maior exemplo, o maior ponto de referência que seu filho irá ter na vida. E esta é a grande chave que abre as portas da criação dos filhos: o exemplo.

A maioria das crianças ouve o que dizem a elas, algumas, inclusive, fazem o que lhes é dito, mas todas, de fato, imitam os adultos.

Decerto que os exemplos são seguidos pelos filhos ao longo de suas vidas. No entanto, quando alcançam a maturidade, começam a ter consciência para moldar seus próprios padrões de vida.

As fases da infância e da adolescência são as de maiores desafios, porque são etapas da vida em que a pessoa está se conhecendo, conhecendo o outro, conhecendo costumes e culturas específicas e começa a formar seus princípios e valores. E em se tratando especificamente da adolescência, essa, além dos desafios do autoconhecimento, traz um desafio bem peculiar: a transformação. Há mudanças físicas, cognitivas e emocionais. Essas mudanças refletem no desenvolvimento como pessoa e vão se moldando até a fase adulta. Também na fase da adolescência, vive-se uma época de conflitos e tumultos, pois o adolescente está em busca de sua identidade. Nesta fase, eles geralmente variam muito e rapidamente de humor e comportamento. Agressividade, tristeza, felicidade, agitação, preguiça são comuns entre muitos adolescentes neste período. Os adolescentes não entendem muito bem as mudanças que estão acontecendo em suas vidas e, muitas vezes, não compreendem as conversas, orientações e todo amor que seus pais têm por eles. Por estes motivos são desencadeados conflitos internos e externos.

Conflitos, a ponta do iceberg

Perceber o crescimento dos filhos nem sempre é fácil para os pais, pois começam a achar que são menos importantes e menos necessários na vida deles. Entretanto, é neste momento que os pais devem estar mais presentes e participativos na vida dos filhos, a fim de orientá-los e guiá-los na consolidação de sua formação. Sendo assim, é fundamental mostrar para os filhos que eles precisam compreender que seus atos e suas escolhas possuem consequências que impactam em suas próprias vidas, na vida dos outros e no ambiente.

Outro fator importante é que os pais antes de resolver e tomar decisões pelos filhos, procurem desenvolver o senso de responsabilidade neles, levando-os a reflexões por meio de questionamentos de suas ações, como, por exemplo: "Sendo essa a sua escolha, já pensou nas suas consequências?", ou "E agora, o que você pretende fazer?", e ainda "Qual é a melhor forma de lidar com isso?". Em uma relação com base no afeto e no respeito, cria-se um vínculo forte com os pais, e os filhos sentem-se seguros e acolhidos. Assim, conseguem desenvolver atitudes positivas e otimistas, porque se sentem estimulados em agir com autonomia e assertividade e sabem que, acertando ou errando, terão seus pais ao lado para comemorar ou dar o "colo" necessário.

Os pais não são responsáveis por tudo o que acontece na adolescência com seus filhos, mas são responsáveis pela parcela que lhes cabe. Por isso é tão importante que não sejam negligentes, omissos ou autoritários, nem superprotetores a ponto de não corrigir o erro ao verificá-lo, pois essas atitudes desequilibradas dos pais podem gerar filhos inconsequentes e irresponsáveis ou mesmo dependentes, não acreditando na própria capacidade de enfrentar os desafios da vida. Assim, pode surgir o conflito, que vai se culminar em brigas, agressões verbais e até mesmo físicas, desentendimentos e sofrimentos que podem marcar para o resto da vida as relações entre pais e filhos. Esse conflito, na verdade, é a ponta do *iceberg*, pois para se chegar neste ponto muita coisa passou despercebida ou foi empurrada para "debaixo do tapete". Geralmente esse conflito é geracional. Hoje vivemos em uma sociedade pautada por tecnologia digital, e os filhos estão muito bem inseridos nela, ao passo que os pais ainda não saíram da era analógica. Assim, não compreendem o que se passa com seu filho, não sabem lidar bem com as novas informações que surgem quase que instantaneamente, e daí instaura-se o conflito.

Focando na solução, resolvendo os conflitos

Sendo mãe de adolescentes e passando por todas estas situações, vivenciando conflitos e tentando encontrar uma saída, desenvolvi uma ferramenta de *coaching* chamada: roda do relacionamento familiar, com versão para os pais e versão para os filhos responderem, que tem como objetivo a avaliação comportamental dos pais em cada área em relação a seus filhos e vice-versa, a fim de melhorar as relações familiares.

Confesso que ao aplicar em minha família, com meus filhos e meu esposo, fiquei temerosa, tendo em vista que isso iria mexer profundamente nas relações e eu deveria estar preparada, enquanto mãe, para ouvir o que fosse revelado, porém, como *coach* de adolescentes e *coach* de mulheres, estudiosa e auxiliadora das relações familiares que envolvem filhos adolescentes e a mulher enquanto mãe, deveria arriscar minhas fichas em desvendar um pouco do que permeia essas relações, e nada mais apropriado que desenvolver em minha própria família.

Assim, apresento os resultados da aplicação da ferramenta com meus filhos (Samuel, 20 anos; Isabel, 17 anos) e meu esposo (Carlos, 46 anos, casados há 22 anos):

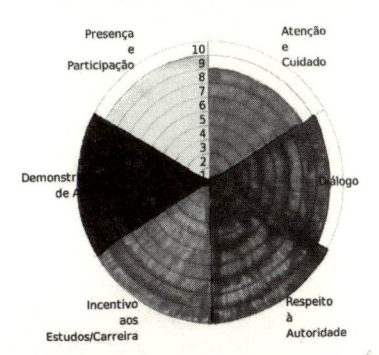

Cada área da Roda é analisada pelo filho em relação aos seus pais (pode ser respondida uma roda para cada genitor ou não, sendo opcional). Em seguida, é pintada cada área sendo atribuído um grau de 1 a 10 sobre como o filho se considera nesta área.

1. Roda Familiar (versão Filhos) realizada por Samuel, 20 anos.

2. Roda Familiar (versão Filhos) realizada por Isabel, 17 anos.

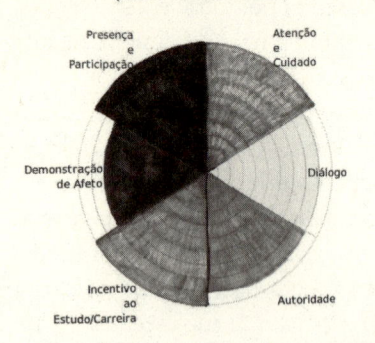

Roda do Relacionamento Familiar - Pais
(Karla Corrêa-Coach)

Presença e Participação
Atenção e Cuidado
Demonstração de Afeto
Diálogo
Incentivo ao Estudo/Carreira
Autoridade

Cada área da Roda é analisada pelo pai e pela mãe (feita individualmente) em relação aos seus filhos (pode ser respondida individualmente para cada filho ou não, sendo opcional). Em seguida, é pintada cada área, sendo atribuído um grau de 1 a 10 sobre como o pai/mãe se considera nesta área.

3. Roda Familiar (versão pais), realizada por Carlos, 46 anos.

Este foi um exercício bastante significativo, pois ao ouvir cada filho (separadamente), como *coach*, pude mediar situações para favorecer a relação filho-pais, e como mãe, ao ouvir a análise de cada filho em suas respostas, pude perceber onde estava errando e acertando e conhecer melhor meus filhos, assim como a mim mesma.

Ao analisar a roda com meu marido, como *coach*, pude inferir questionamentos para a reflexão das atitudes dele como pai, do mesmo modo como mãe e esposa, transmiti a análise feita pelos filhos e repensamos juntos soluções para alguns conflitos.

Portanto, pais e todos que trabalham com adolescentes, disponibilizo a ferramenta para que façam uso da melhor forma e possam, assim, ajudar a melhorar as relações familiares.

1. Roda do relacionamento familiar - Pais

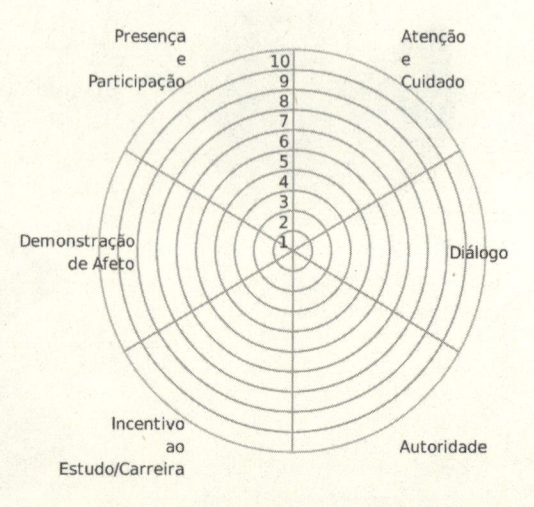

Presença e Participação
Atenção e Cuidado
Demonstração de Afeto
Diálogo
Incentivo ao Estudo/Carreira
Autoridade

1. Roda do Relacionamento Familiar – Pais (versão para os pais responderem pensando em seus filhos): numa escala de 1 a 10, analisar como se comporta em cada área em relação ao seu filho e pintar até o grau correspondente. Partindo de 1 como o grau mínimo e o 10, o grau máximo. Após a roda preenchida, analisar o porquê de ter preenchido até aquele grau em cada área.

2. Roda do relacionamento familiar - Filhos

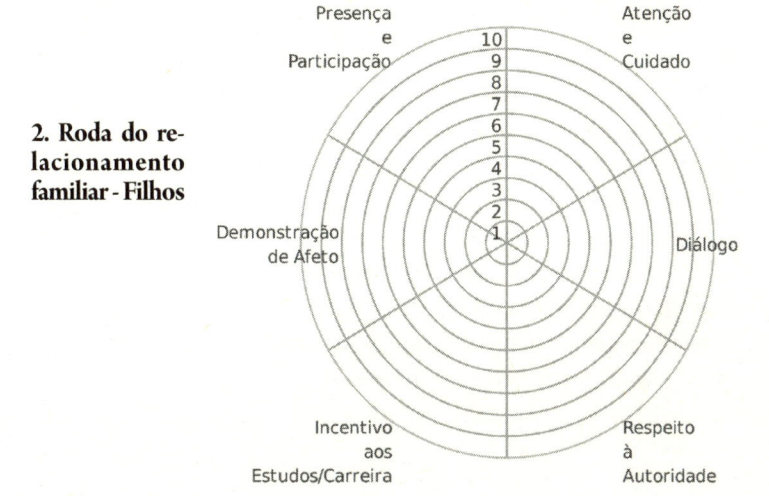

2. Roda do Relacionamento Familiar – Filhos (versão para os filhos responderem pensando em seus pais): numa escala de 1 a 10, analisar como se comporta em cada área em relação aos seus pais e pintar até o grau correspondente. Partindo de 1 como o grau mínimo e o 10, o grau máximo. Após a roda preenchida, analisar o porquê de ter preenchido até aquele grau em cada área.

Afirmo que é uma ótima oportunidade para refletir sobre as relações e melhorar o desempenho como pais e como filhos, consequentemente melhorando as relações afetivas de ordem familiar. Experimentamos em casa e tivemos essa oportunidade. E hoje asseguro que me levou, como mãe, a perceber meus filhos de outra forma, enxergando-os mais profundamente.

A aplicação desta ferramenta pode contribuir para dar um salto de qualidade na vida familiar. Meus filhos demonstraram seus sentimentos, suas angústias e tudo o que era positivo e negativo que estava implícito em nossa relação, e eu e meu marido pudemos nos avaliar em que estávamos errando e contribuindo para aquela situação. Assim, tivemos a oportunidade de iniciar uma mudança de comportamento em nossa relação familiar.

Vivemos dias difíceis em nossa sociedade, em que as pessoas estão mais individualistas e menos comunicativas. Dessa forma, conflitos geracionais surgem a todo o momento, levando os pais a se afastarem de seus filhos e vice-versa. Atitudes de comparação de gerações, como o uso da frase "na minha época não era assim!" tendem a afastar ainda mais os filhos dos pais. Portanto, pais, se vocês se perguntam: como me aproximar? Como orientar e conversar?, Como entrar no mundo do meu filho?, recomendo que experimentem a Roda Familiar e analisem suas relações, tendo sempre como balizador o amor. Entender como funciona a mente dos filhos, a dor e os pensamentos deles faz toda a diferença! Precisamos conhecer nossos filhos, chegar às raízes dos problemas, cuidar das nossas palavras, haja vista que tem palavras que abrem feridas e outras que trazem cura. Tudo depende da nossa comunicação. Precisamos ter escuta ativa e diálogo assertivo! Assim, tudo o que você sonhou como pai, mãe, e tudo o que você plantou começará a frutificar! Família é onde nossa história começa. Como diz Augusto Cury, "ninguém é digno do oásis se não aprender a atravessar seus desertos". Que as relações familiares sejam perfeitos oásis!

5

Três práticas que resolvem conflitos e harmonizam relações

"A palavra feliz vem do latim felix, que significa fértil. Por definição, feliz é a pessoa fértil que realiza, que produz, que inova, que sustenta. E você, é feliz?"
Içami Tiba

Keli Salvadori

Keli Salvadori

Coach profissional, consultora e *trainer* em desenvolvimento humano e organizacional. Facilitadora da metodologia de *coaching* e *mentoring* Sistêmico Comportamental. Graduada em Relações Internacionais com especializações em relações humanas, terapias holísticas, cognitiva e comportamental. Formada pela SBC Sociedade Brasileira, Behavioral Coaching Institute e Febracce Federação Brasileira de Coaching Comportamental Evolutivo e Gestão Comportamental – Metodologia DISC Etalent. Especializou-se na Academia Emocional em Competências Emocionais com Susy Fleury. *Expert* em empoderamento de talentos, comunicação funcional, autoliderança, Relacionamento intra e interpessoal. Especialista em *coaching* e inteligência emocional. Há dez anos atua com consultorias e é facilitadora em palestras, *workshops* e treinamentos de alto Impacto. Mentora na escola Unidarma, fundadora do Programa D.P.A Damas & Profissionais em Ascensão, idealizadora do Congresso Nacional de Saúde, Infertilidade e Gravidez. É sócia proprietária da K.S *Coaching* e Treinamentos. Faz atendimentos *online* e presencialmente em Indaiatuba-SP e região.

Contatos
www.kelisalvadori.com.br
contato@kelisalvadori.com.br
@DamasProfissionais @ConnSiga
(19) 99239-1369

Em tempos tão corridos, adrenalizados e com pessoas cada vez mais individualistas, com pensamentos impulsivos, nosso querido escritor Içami Tiba nos faz refletir sobre o quão feliz estamos e somos.

A verdade é que as relações pessoais andam tão desafiadoras, que o nível de felicidade está menos fértil a cada geração.

E então, você me pergunta: "como transformar laços relacionais mais férteis e geradores de alegria, gratidão, perdão e conexão entre familiares, cônjuges, filhos e amigos?".

Convido-o a refletir e expandir sua percepção sobre o meio em que vive. Quantas pessoas você conhece que frequentemente estão em conflitos, brigas e discussões?

Quantas famílias você conhece que possuem válvulas de escape para o estresse e insatisfação interna e se apegam aos vícios, bebidas e drogas? E o quanto isso gera dores emocionais em seus filhos, familiares e meio de convivência?

Reparou que a criação dos tempos modernos tem sido cada vez mais sem conexão humana e interação pessoal? Isso lhe parece real ou ilusório?

Núcleos familiares, sociais e afetivos estão menos tolerantes com as diferenças de personalidades, o que gera desarmonia entre as pessoas. E ainda, para piorar, a falta de solidariedade universal de alguns indivíduos conota o egocentrismo afastando entes queridos e interligados pelo amor ou pelo sangue.

Pesquisas apontam o quanto famílias estão sofrendo em seu "mundinho interno" e buscando alternativas desesperadas para conseguir mudar cenários de conflitos pessoais e tornar a convivência familiar mais harmônica e sutil.

Inúmeras vezes recebo pessoas gritando por ajuda, para que suas famílias sejam resgatadas e que possam aprender ferramentas para melhorar suas relações tornando-as mais amorosas, respeitosas e felizes.

Afirmo que, em mais de três mil horas de atendimento, já me deparei com famílias destruídas, sem conexão e afeto. E por falta de conhecimento de técnicas e metodologias, acabam em conflitos e separações.

O que boa parte das mulheres modernas almeja é ter um lar e não simplesmente uma casa – construção de cimentos e tijolos sem a sinergia do amor. Elas almejam um lar, uma construção de valores e princípios.

Em sua maioria, reclamações tão contínuas e dolorosas para quem sente na prática e no dia a dia a falta de um "olhar", de um "ouvir" e de um "sentir".

Refeições rápidas e plugadas nos seus celulares... Comunicação indireta pela falta de tempo... Passeios sem integração porque o que predomina é a chegada e não a ida, o processo.

Certa vez, fui procurada por uma linda mulher, casada com um belo homem. Em certo momento, resolveram ter um filho e, assim, realizaram esta conquista.

Nos primeiros meses de gestação, a integração do casal foi amorosa e muitas vibrações de alegria reinavam no lar. Até a chegada real do filho tão esperado. Na jornada do dia a dia, dentre os desafios maternais, hormônios femininos à flor da pele, e um homem à espera da linda mulher, parceira e bem cuidada, em meses de agonia veio à tona a decepção e o sentimento de frustração de ambas as partes.

A convivência era de superação e de muitos desafios. Até que a soma dos anos sobressaiu e transbordou em ofensas, cobranças, distanciamento, impaciência, intolerância, raiva, estresse e, por fim, conflitos e desarmonia.

Ambos estavam cansados com a rotina profissional, pessoal, familiar, além das necessidades financeiras e a soma das sobrecargas negativas.

Um em cada cinco casais sente esta realidade com a chegada de um novo membro familiar. Um filho que representaria luz e amor se torna um peso e um núcleo familiar minguado.

Na rotina do "vamos empurrando com a barriga" não tiveram tempo de se "sintonizar como casal, se reconectar como essência a dois" e, no decorrer dos anos, as emoções e sentimentos estavam sempre aflorados para o estresse.

Este *case* acima não é único. Vi muitas relações e famílias com o "copo cheio" e transbordando de falta de sintonia, amor, respeito, cumplicidade e propósitos.

Assim, como neste caso relatado, todo o processo de reconexão e resgate foi cuidadosamente introduzido por meio de ferramentas e técnicas para a resolução de conflitos e harmonização sistêmica familiar.

Muitas famílias, sem o entendimento do sentido da vida e do propósito da chegada de um filho, se perdem nesta falta de conscientização.

O que o *coaching* familiar promove é a reconexão e alinhamento de pensamentos e comportamentos.

Na teoria dos ciclos dos setênios, observamos a importância da "relação maternal" nos primeiros anos de vida de um bebê. Assim como no segundo setênio de vida dessa criança, a relevância da presença do pai. A soma desses 14 anos de iniciação à vida resulta no tipo de família que se construirá e como esses filhos se manifestarão no universo e na sociedade.

E daí vem a reflexão: construir um lar ou uma casa?

Vamos entender um pouquinho o conceito para que possamos conscientizá-lo da fórmula "Três práticas resolutivas relacionais".

A teoria dos setênios foi elaborada a partir da observação dos ritmos da natureza, ou seja, da natureza do sentido da vida, no qual todos nós estamos imersos. Ela divide a vida em fases de sete anos e vale lembrar que o número sete é um número místico dotado de força para muitas culturas mundiais.

Essa teoria nos ajuda a compreender a fase de 0 a 21 anos, que é denominada "setênios do corpo". É o ciclo do amadurecimento físico, do corpo e também da formação da personalidade do ser. Os três ciclos seguintes de 21 a 42 anos, são conhecidos como setênios da alma. É a fase em que, superadas as experiências básicas da vida, nos inserimos na sociedade fazendo escolhas como casar ou não, trabalhar em determinada área, conviver com familiares ou não.

E após os 42 anos, vivenciamos os últimos setênios em que o indivíduo está pronto para imergir na vida com mais maturidade, profundidade espiritual e energética.

A construção do ser nos faz estruturar nossos resultados na vida pessoal e profissional.

A cada ciclo precisamos desenvolver um processo de autoconhecimento para ter a consciência de ações efetivas e eficazes nas relações familiares, sociais e afetivas.

Convido você a praticar a fórmula 3 C's que há alguns anos aplicamos como método de resolução de harmonia relacional.

Prática 3C's para resolução de conflitos e harmonização sistêmica familiar:

1. A primeira prática é o "C" de conexão integral: quem é você como pessoa (essência)? Em qual ciclo de vida você se depara? Qual setênio vivencia hoje? Qual é o seu nível de sinergia familiar? Como dialoga, interage e ressignifica circunstâncias da vida? De que modo tem olhado para os membros da sua família? Quais prioridades tem focado (seria mais no trabalho, nos amigos ou nos vícios?) Qual a sua vibração energética? Qual o seu nível de felicidade hoje?

Entenda que a sua conexão interna faz toda diferença no seu sistema familiar. Se você está bem consigo, conseguindo harmonizar suas emoções e interagindo em seu núcleo familiar com amor, respeito e conexão, a possibilidade de diluir conflitos secundários serão muito maiores e eficazes.

Conecte-se com sua essência e com o sentido da vida!

2. A segunda prática é a "C" de controle emocional. Reflita: quais são as emoções mais difíceis de controlar hoje? Que tipo de sentimento você tem vibrado para seus filhos, pais e cônjuge? Qual o seu nível de prioridade com o seu trabalho ou com as relações sociais (amigos)? Como você regula suas emoções sabotadoras (medos, tristezas, raivas e impulsividades)?

Perceba que a responsabilidade sobre o ato de controlar-se é exclusivamente sua. Não existe outra pessoa que não seja você capaz de definir o rumo de suas vibrações emocionais, espirituais e energéticas. Resolver conflitos internos e familiares é um processo de autocontrole e entendimento do seu real papel no núcleo familiar.

O quanto você é importante para esse sistema e o quanto pode crescer neste setênio de vida se fazendo presente e especial no sistema familiar que construiu? Pense sobre sua responsabilidade nesse cenário de resoluções e de harmonia.

Controle-se e viva a sua vida com inteligência, equilíbrio emocional, pessoal e familiar.

3. A terceira e última prática dos 3Cs' é extremamente relevante para a resolução de conflitos e harmonização relacional familiar. E aqui peço que se atente a esse ponto de prioridade, pois tem mudado muitas relações.

E aqui trago a prática do "C" de comunicação funcional.

O que podemos afirmar com muita propriedade é que a sua comunicação precisa ser efetiva, amorosa e conclusiva para a conexão e o controle das circunstâncias a dois e também no âmbito familiar.

Analise, como você faz suas perguntas e afirmações a sua família?

Avalie, você é grosso ou assertivo?

Ou ainda, você é bobo demais ou se faz de desentendido para não ter responsabilidades sobre si mesmo?

De 0 a 10, o quanto você sabe se expressar e dar um *feedback* inteligente aos membros da sua família?

Perceba a sua comunicação não verbal, ou seja, a forma como se comunica pelas suas expressões corporais e faciais. E entenda que o seu corpo fala!

A intenção aqui é fazer você aprender que uma comunicação funcional é aquela que você transita por caminhos neurais que potencializem os pontos fortes e positivos de quem o ouve. E que nas percepções, críticas e colocações importantes, você seja assertivo, claro, suave e verdadeiro, para que, ao finalizar suas pontuações, desenvolva um fechamento de conversa e diálogo positivos, sem alteração de voz e impulsividade.

Fechando o ciclo da comunicação com colocações positivas e construtivas, seu sistema familiar, cônjuge, filhos, ou parentes próximos, entenderão a forma como se expressa e esse processo se fará mais pleno e harmônico para suas relações.

O efeito disso é a resolução de problemas e de conflitos cotidianos. Você é capaz de treinar a sua comunicação e torná-la funcional. Treine!

Conclusão

A sua vida pode ser determinada e conduzida por você. Portanto, praticar os 3C's por meio da fórmula conexão + controle + comunicação resulta na harmonia e no equilíbrio de suas relações.

É possível aprendê-la e aplicá-la diariamente em sua vida. A conscientização é um processo de autoconhecimento e desenvolvimento pessoal que o conduz a uma excelência relacional incrível e realizadora.

Você se sentirá mais consciente, mais forte e encorajado a ultrapassar d-e-s-a-f-i-o-s que sempre aparecerão em sua vida.

O processo de conexão familiar é um programa de inteligência emocional, que pode ser estruturada pela metodologia de *coaching*, constelação familiar, dentre outras.

Métodos que funcionam, ressignificam e organizam seu sistema de convivência em família

No *coaching*, você terá a oportunidade de treinar sua mente, equilibrar suas emoções e impulsionar atitudes e comportamentos mais resolutivos em sua vida.

Neste momento, convido-o a desenhar seus próximos passos para ir em busca de uma construção relacional e familiar mais eficaz e equilibrada.

Eu lhe pergunto: o que você pode fazer para melhorar o seu sistema relacional? Quais mudanças pode fazer para ter transformações significativas em sua vida nos próximos dias?

Pratique o movimento *self coaching* e se entregue a sua conexão interior, à busca por controles que dependam de você e treine constantemente a sua comunicação, pois ela é que transmite quem realmente você é e os resultados que terá em sua jornada chamada vida.

Vivencie o seu processo de resoluções e harmonize-se o quanto antes.

Construa um lar e saboreie a magia dos seus princípios e valores transbordados no meio em que vive.

Você pode ser o agente de transformação mais poderoso que existe em seu ambiente de convivência.

> "Nós não podemos resolver um problema com o
> mesmo estado mental que o criou."
> Albert Einstein

Conecte-se com seus valores familiares e sustente-se neste princípio.

Pratique: conexão integral, controle de suas emoções e uma comunicação funcional. Automaticamente encontrará a resolução de conflitos e a harmonização no seu sistema familiar.

A sua vida pode ser melhor e mais equilibrada, tudo depende de você

6

O empoderamento feminino no ambiente familiar

O empoderamento feminino, nos dias de hoje, trouxe para as mulheres transformações que as colocam em um lugar de destaque, fazendo com que ocupem cargos e posições diferenciadas, alavancando mudanças benéficas irreversíveis nas famílias. Hoje temos a oportunidade, como mulheres, de escolher a vida que queremos viver e, dessa forma, poderemos obter credibilidade significativa, como mulheres empoderadas, no âmbito pessoal e profissional

Lilia Maria De Moura Martins

Lilia Maria De Moura Martins

Psicóloga, *Master* em Liderança e Gestão, *leader coach* pela ISI Infinity Centro de Desenvolvimento Profissional & Coaching e Associación Internacional para Profissionales del Coaching. Graduada em Pedagogia pela Universidade Mackenzie. Pós-graduada em Gestão de Pessoas e Recursos Humanos pela Universidade Mackenzie. Atua no mercado corporativo há 25 anos, com avaliação psicológica de funcionários para admissão. É coautora do capítulo *"Avaliação Psicológica – Por que investir?"*. É empresária e consultora de RH.

Contatos
www.lmmmpsiorg.com.br
lilia.martins94@gmail.com
(11) 95043-3905

O empoderamento feminino, hoje em dia, está em larga escala abrangendo desde moda, vestuário e beleza, indo até gastronomia, arte, jornalismo esportivo, enfocando também a hospedagem de cães domiciliares como *personal*!

Mas o que seria empoderamento feminino? Qual a definição para estas palavras? Segundo o Google, "empoderamento feminino é o ato de conceder poder de participação social às mulheres, garantindo que possam estar cientes sobre a luta pelos seus direitos".

Sim, esta definição faz com que muitas dessas áreas citadas sejam notoriedade, sendo um verdadeiro combustível para dar grande visibilidade à mulher, dentro dos interesses por elas escolhidos.

Portanto, em se tratando dos esportes adaptados, foi um verdadeiro *show*, tendo como parâmetros as redes sociais que hoje disseminam conhecimentos.

Isso trouxe ao empoderamento feminino uma amplitude maior e também um reconhecimento num campo que, alguns anos atrás, não se ouvia falar... o das palestrantes.

Hoje está disseminado e tem várias abordagens, tais como o empoderamento feminino no mundo dos negócios, entre outros temas.

Isso está trazendo para as mulheres mudanças e transformações, que as estão fazendo mais fortes e motivadas. Essa motivação não é só sinônimo de transformação, mas um passo na direção à mudança, sendo o princípio do sucesso.

O empoderamento feminino também tem emoções que podem ser consideradas como positivas e estão atraindo prosperidade.

São elas o desejo, a fé, o amor, o sexo, o entusiasmo, o romantismo e a esperança. Isso pode levar as mulheres ao sucesso!

Também, o empoderamento feminino é um desafio às relações patriarcais no que diz respeito ao poder dominante do homem e à manutenção dos seus privilégios de gênero. É o ato de conceder o poder de participação social às mulheres, garantindo que possam estar cientes sobre a luta pelos seus direitos a total igualdade entre os gêneros, por exemplo. Sendo que essa ação consiste no posicionamento das mulheres em todos os campos sociais, políticos e econômicos.

A entidade das Nações Unidas para a igualdade de gênero e empoderamento das mulheres (ONU mulheres) desenvolveu uma lista com sete princípios básicos do empoderamento feminino no âmbito social e profissional:

1 - Estabelecer liderança corporativa sensível à igualdade de gênero no mais alto nível.

2 - Tratar todas as mulheres e homens de forma justa no trabalho, respeitando e apoiando os direitos humanos e a não discriminação.

3 - Garantir a saúde, segurança e bem-estar de todas as mulheres e homens que trabalham na empresa.

4 - Promover educação, capacitação e desenvolvimento profissional para as mulheres.

5 - Apoiar o empreendedorismo de mulheres e promover políticas de empoderamento feminino pelas cadeias de suprimentos e marketing.

6 - Promover a igualdade de gênero por meio de iniciativas voltadas à comunidade e ao ativismo social.

7 - Medir, documentar e publicar os progressos da empresa na promoção da igualdade de gêneros.

A prática do empoderamento feminino não deve ser apenas das mulheres, os homens também precisam se certificar de que haja uma ampla igualdade entre o posicionamento e a participação de ambos os gêneros na sociedade e suas demais camadas.

E o que dizer do empoderamento feminino no ambiente familiar? Como os seus companheiros e esposos estão vendo e percebendo esta participação das suas mulheres?

Será que estão vendo como um processo pelo qual podem acontecer transformações nas relações sociais, políticas, culturais, econômicas de poder? Outra questão também seria da "delegação de autoridade" que consiste numa abordagem a projetos de trabalho que se baseiam na delegação de poderes de decisão, autonomia e participação de funcionários na administração das empresas.

E com relação à "delegação de autoridade" que se baseia na delegação de poderes de decisão e autonomia, como fica isso nos dias de hoje?

Na verdade, muitas vezes, o que está em jogo é o poder. Este poder, hoje em dia, é considerado a transformação que está trazendo ao mundo mais ética por meio da preservação da natureza e dos campos sociais que constituem uma comunidade que tem tornado a produção e o consumo tendo como bandeira o mundo sustentável.

É neste contexto que entra o empoderamento feminino com a preocupação com o coletivo começando com a ação de cada um.

O mundo está, hoje, mais consciente, pois as pessoas entenderam o grande poder que está em suas mãos.

Apesar de termos meios sociais mais democráticos, ideais mais abertos e conscientes, ainda existe um precipício que separa as pessoas, principalmente os casais. Existe o preconceito com o diferente, a intolerância. É isso, nos dias de hoje, que impera no ambiente familiar.

Todos possuem o mesmo poder de comunicação e ação, tanto os homens quanto as mulheres, e por que existem tantas diferenças entre o discurso e a ação? Entre a teoria e a prática? As mulheres estão galgando atualmente cargos que antes eram designados aos homens. Será que isso está afetando diretamente o ambiente familiar? O casal e os filhos? Creio que isso exista realmente, mas, em contraponto, é necessário conhecer quem você quer atingir, ou melhor, existe a rotulação de gênero, faixa etária, entre outros, porque cada indivíduo possui diferenças de pensamentos e necessidades, e não deixa de ser assim com mulheres e homens.

Consequentemente, isso está afetando diretamente as famílias e, principalmente, os filhos. Em algumas famílias, existe o digladiamento dos casais perante os filhos, para conseguir diante deles o reconhecimento pelo lugar que deveriam ocupar, sendo que muitos não estão nem preocupados em demonstrar afeto, cuidado e limites aos filhos.

Será isso que está causando tantos conflitos, o empoderamento feminino? Acredito que não, pois isso nada mais é do que uma luta de egos inflados que não conseguem se harmonizar, se entender e buscar o lugar de cada um na família.

Portanto, hoje, o empoderamento feminino existe e não há como negá-lo, pois está na empresa e dentro de cada família.

É necessário que exista uma aproximação nas famílias para que consigam ver que não existe nenhum melhor que o outro, mas sim pessoas que sabem avaliar aspectos de maior ou menor tolerância no ambiente familiar, fazendo com que existam mais respeito, dignidade, limites e afeto, para que os filhos possam se desenvolver tornando-se homens e mulheres dignos de exercer suas profissões e sendo pessoas de caráter, éticos e honestos, porque vivenciaram isso em seus lares.

O empoderamento feminino existe e não há como calar!

Temos que aprender a conviver com essa situação que trouxe maior valorização à mulher e também um lugar que de forma nenhuma vai ser retirado dela.

Atualmente temos mais do que olhar de longe para esse fato. Mas sim nos aproximarmos dele com ações que irão ao encontro da necessidade de cada um, conhecendo, participando e trazendo para este ambiente familiar o fortalecimento, o reconhecimento e a igualdade de gêneros em todos os ambientes.

Portanto, devemos construir uma carreira profissional, sem abrir mão de uma família saudável, podendo, muitas vezes, trabalhar em uma distribuição mais igualitária das funções e tarefas dentro da casa. Enfim, de nada adianta buscarmos uma igualdade no mercado de trabalho se tivermos que continuar a enfrentar esta dupla jornada. É melhor que a mulher compartilhe com seu companheiro os cuidados com seu filho, permitindo que ele exerça o papel de pai com dedicação, negociando com ele os afazeres domésticos e dispondo de um tempo para si mesma.

Não temos ainda um mundo ideal para nós, mulheres, mas temos a oportunidade de escolher a vida que queremos e que gostaríamos de viver, como forma de satisfação e realização pessoal.

Portanto, encontre a vida que seja melhor para você e não o que é imposto pela sociedade e acredite em si mesma, porque nós podemos ser destacadamente mulheres empoderadas nos lugares em que estivermos, tanto pessoal como profissionalmente.

Isso faz toda a diferença no empoderamento feminino.

7

Um olhar pedagógico

"Os que são loucos o suficiente para pensarem que podem mudar o mundo são os que o fazem."
É com esta frase de Steve Jobs (1955-2011) que convido a todos a participar dessa originalidade

Luciana Imperador

Luciana Imperador

Professora, pedagoga habilitada em Educação Infantil, Séries Iniciais do Ensino Fundamental I, Administração, Supervisão, Orientação Educacional e Matérias Pedagógicas do Ensino Médio (Filosofia, Sociologia e Psicologia). Participou do Grupo de Estudos sobre Psicanálise na Inclusão promovido pela ANDEA/SP – Associação Nacional de Dificuldades de Ensino e Aprendizagem. Participou do curso de Extensão em História da Educação Brasileira. Leciona em colégios da rede privada do Estado de São Paulo.

Contatos
Facebook: lucianaimperador
Instagram: @lucianaimperador
lucianaimperador@gmail.com
(11) 96172-3407

Como parar com o afã diário e ter um olhar observador para o seu filho?

Esta deve ser a pergunta que muitos pais estão fazendo no momento em que, hoje, trabalham pelo menos dez horas por dia.

Deixarei dicas para que vocês, pais, possam usufruir, e sintam-se à vontade em compartilhar com seus filhos.

Enxergar é uma capacidade física, entretanto, cada pessoa possui um olhar diferente; distinto um do outro.

Nem todos aqueles que são capazes de ver têm a habilidade de enxergar aquilo que está a sua volta, de sensibilizar-se com o próximo ou de simplesmente enxergar a si mesmo.

A nossa capacidade de percepção é inata, mas pouco praticada em nossa sociedade, até mesmo os deficientes visuais conseguem ter esse "olhar" que, muitas vezes, é negado por aqueles que têm plenas condições físicas. A negação perante o que vemos é o que torna banal os absurdos vividos pela sociedade nos dias de hoje.

Quem exerce a docência precisa ter um olhar pedagógico – que não é diferente de todos os outros tipos de olhares e de seus respectivos conceitos, mas que, de modo geral, nos leva a perceber e a entender o significado do mundo externo, e por meio disso crescer cada vez mais e atribuir maneiras melhores para contribuir com o desenvolvimento da nossa educação.

Um professor não pode negar esse olhar atencioso aos seus alunos. Além de ensinar as matérias pedagógicas, o docente deve ter o zelo de ensinar práticas de sensibilidade crítica e auxiliar o educando a construir valores pessoais e interpessoais.

Ter um olhar pedagógico é ser capaz de identificar o que se passa com o educando para além da sala de aula; resolver não apenas questões didáticas, mas também questões afetivas e morais, sendo uma preocupação incondicional aos parâmetros de um bom olhar pedagógico.

No momento em que estamos, é preciso formar estudantes que consigam ver além; que enxerguem o que está ao seu redor, mas também distingam o real do "faz de conta".

Não é muito fácil pensar e agir de modo crítico. Observar o que está ao nosso redor também faz parte das aparências naturais humanas. É necessário um exercício diário de práticas de sensibilidade ao próximo para despertar esse sentimento entorpecido. Por meio de uma simples aula, podemos inserir ao nosso meio o olhar ao próximo e o cuidado que devemos ter com tudo que está em nossa volta.

Sabemos que estamos em uma era avançada e que tudo se modifica constantemente e quase de forma instantânea. E com toda essa correria do dia a dia, esquecemo-nos de olhar o que não está explícito em nossos filhos.

Você pode afirmar:

— Mas é claro que olho para o meu filho! Vejo quando ele está brincando.

— Sempre olho para o meu filho e converso com ele quando estou trocando suas roupas. Ele sempre precisa da minha ajuda. Nem parece ter seis anos!

Mas o que realmente seu filho está esperando de você? Será que, como pais exemplares, estão correspondendo ao desejo de seu filho?

Muitas das dificuldades apresentadas no decorrer da vida dos filhos se dão devido aos laços afetivos não construídos na primeira infância.

Pare por um instante! Esqueça a roupa para lavar, o jantar para fazer, a casa para limpar, a agenda do trabalho e olhe, olhe no fundo dos olhos de seu filho e veja o que ele quer dizer a você.

O bebê tem o seu primeiro contato com a mãe no momento da amamentação, é neste momento que se constrói o afeto, entre o olhar da mãe cuidadosa e atenciosa para com o filho. É o olhar cheio de carinho que a mãe tem e o entrelaçar dos pequenos dedos no simples fato de segurar as mãos da mãe. Cada contato é extremamente valioso para a criança.

O bebê já sente que está protegido!

Quando crescem, queremos dar o melhor para eles e logo os enchemos de presentes... Brinquedos e mais brinquedos, livros, roupas e observamos que crescem rápido. Em pouco tempo, precisamos deixá-los na escola para voltarmos à rotina do trabalho.

Eles crescem e temos que nos preparar para a adolescência.

Os namoros, as desilusões amorosas, as mudanças do corpo, as discussões das saídas à noite, os conflitos em que os filhos acham que os pais só querem proibir enquanto os pais acham que os filhos só querem permissão.

Não só neste momento, mas em todas as fases do crescimento dos filhos, temos que ficar atentos ao que eles estão transmitindo para nós.

Uma família, e quando digo família – não é aquela família idealizada pelos contos de fadas e modelo tradicional – falo sobre quem está sempre ao nosso lado; esta família deve estar bem estruturada física, psicológica e espiritualmente para que, assim, possa somar na vida de seus filhos.

É neste momento que devemos olhar nos olhos de nossos filhos e conversar – o diálogo é extremamente importante em todas as fases da vida –, e é nesta hora que devemos ter o equilíbrio entre a autoridade de pais e a amizade dos filhos.

Não é fácil – ninguém disse que seria, mas não é impossível.

1. A primeira coisa a se fazer é se organizar!

Esta deve ser a primeira etapa para o sucesso da afetividade e compreensão com o seu filho.

Sua vida profissional deve estar organizada para que seu trabalho inicie e finde no ambiente de trabalho.

Problemas não resolvidos, agendas não contempladas, reuniões que apresentam urgência podem ser remanejadas. Sua família precisa de você neste momento!

Volte para casa e foque seu pensamento na alegria que será ver seu filho o esperando de braços abertos ou aquele beijo carinhoso do marido ou esposa o esperando para o jantar.

Dialogue, veja como foi o dia de cada um... Como dizia Chorão em sua música: "Alguém te perguntou como é que foi seu dia... Uma palavra amiga, uma notícia boa... Isso faz falta no dia a dia..."

Sinta o que seu filho está transmitindo, seja a vontade de se deleitar ao leite materno, o brincar com blocos e ver que ele já sabe empilhar sete dos dez que existem; acalantar no colo o choro da primeira perda amorosa ou de um simples jantar (afinal, o dia foi corrido e o jantar precisa ser prático) para contar sobre a conquista de um novo emprego.

Permita-se! Permita-se sentir o carinho de sua família.

A organização serve para a rotina dela também.

Programe passeios, mesmo que seja para ir à padaria, mas que essa caminhada seja repleta de surpresas; uma vol no parque de bicicleta, uma reunião em família para colocar o papo em dia.

Essa afetividade no lar é essencial para a construção da personalidade de seu filho, a construção do seu EU em sociedade.

2. Transmita confiança...

É uma etapa fundamental para que os laços familiares não se findem em um dia comum ou em dias melhores. É importante frisar o que há de bom em dias comuns ou em dias em que há bom aproveitamento dos combinados realizados com os responsáveis.

Ter confiança em seu filho é saber transmitir seus valores e virtudes para que ele possa entender que você está presente em sua vida e que está preparado para ouvi-lo.

Nem sempre tudo é verdadeiro, sabemos como são as crianças – os nossos filhos –, como fantasiam; mas é necessário observar o que está implícito, que diz muito sobre o momento que está passando.

Se você transmitir confiança a seu filho, tenha a certeza de que o relacionamento entre vocês será melhor e mais duradouro.

3. Acredite que sua pedra está sendo lapidada

Não deixe de aceitar que o seu tesouro mais precioso está crescendo, amadurecendo, e, além de você como base, o âmbito escolar estará muito presente em sua vida.

É no início da fase escolar que a criança descobre muitas coisas daquelas que os pais não têm "coragem" – talvez a serenidade, o conhecimento ou discernimento – de transmitir para os filhos.

Estamos conversando sobre um ser. Aquele que está em constante desenvolvimento e aprendizado.

Neste momento, seu filho precisa de você para muitas atividades.

— Ah! Mas não tenho tempo para ajudar meu filho nas lições de casa!

Se a primeira etapa desse capítulo estiver sendo bem executada, tenho certeza de que terá tempo de sobra. Se você soube transmitir confiança, saberá que seu filho confia em você também, e assim as tarefas de casa serão executadas em "tempos recordes" e serão tão prazerosas quanto um passeio ao parque ou à padaria, como citado anteriormente.

O momento que você interage com seu filho, sobre o que para ele está sendo o mais importante (fase escolar – por muitos motivos, pode ter certeza!), estará auxiliando, ajudando, se preferir, nas tarefas diárias; estas podem ser domésticas, de lazer e também as atividades escolares.

Percebemos que hoje em dia algumas das muitas instituições de ensino estão preocupadas com o aprendizado de seus alunos (isso é muito bom, é o que todos os pais querem, que seus filhos aprendam e dominem os conteúdos curriculares e os professores também), mas temos que levar em conta que aquele aluno pode não corresponder ao esperado pelo professor ou o que realmente os pais estão almejando, não porque não possui o domínio da matéria ou porque o professor não explica direito (atenção colegas leitores: todo cuidado é pouco, se reciclem! A evolução é constante, e o mínimo que você pode fazer pelo seu aluno é ter o domínio dos conteúdos que serão abordados), mas há muito o que se olhar em um aluno.

O professor deve levar em conta toda a história individual (como comentado no início do capítulo) para saber como lidar com o educando.

Muitos pais acham que só porque a criança se encontra na Educação Infantil, ela vai para a escola brincar ou porque entrou nas séries iniciais do Ensino Fundamental precisa aprender a ler e a escrever mais rápido. Tenham calma!

Tudo acontece no tempo certo, vocês precisam apenas compreender esse tempo e auxiliá-la.

Não é necessário estar fisicamente 100% no momento da tarefa escolar que será realizada em casa ou nas tarefas diárias e corriqueiras domésticas, mas fiquem atentos em perguntar como foi o dia na escola, questionar o porquê da lição, ver que recebeu um comunicado via agenda e responder, explicar a importância de manter o quarto em ordem e limpo.

Tenha certeza de que esses pequenos detalhes para ela são muito importantes. Demonstre afeto, demonstre que você está participando da vida dela e terá motivos de sobra para serem pais e filhos.

Espero ter compartilhado e contribuído para sua reflexão... E não se esqueça: organize-se, confie e lapide. Esteja junto neste momento delicado de construção!

Referências

FREIRE, Paulo. *Pedagogia da autonomia: saberes necessários à prática educativa.* Rio de Janeiro: Paz e Terra, 7ª edição, 1998.

VIGOTSKY, L. *A formação social da mente.* São Paulo: Martins Fontes, 1987.

GOLEMAN, Daniel. *Inteligência emocional.* Rio de Janeiro: Objetiva, 1996.

CURY, Augusto Jorge. *Pais brilhantes, professores fascinantes.* Rio de Janeiro: Sextante, 2003.

WUNDERLICH, Marcos. SITA, Maurício. *Planejamento estratégico para a vida.* Rio de Janeiro: Literare Books, 2015.

8

Vocação e profissão

Uma combinação que gera impactos positivos
no mercado de trabalho

Maíra Andrade

Maíra Andrade

Psicóloga (CRP 05/32352), pós-graduada em Gestão Empresarial, pós-graduanda em Gestão Estratégica de Pessoas. Orientadora vocacional com foco em Avaliação Psicológica. Na área clínica, trabalha com adolescentes com Terapia Cognitivo-Comportamental. Já trabalhou com RH generalista em empresas de diversos segmentos, tais como indústrias, consultorias de RH, tecnologia da informação e telecomunicações. Atuou em avaliações psicológicas de concursos públicos do Rio de Janeiro. Atualmente é diretora e responsável técnica do Núcleo Integrado de Desenvolvimento Humano (NIDH), empresa especializada na prestação de serviços na área da Psicologia. Em paralelo, ministra cursos e palestras relacionados à área de Recursos Humanos, Avaliação Psicológica e Orientação Vocacional.

Contatos
www.nidhumano.com.br
maira@nidhumano.com.br
(21) 98637-7670 / (21) 2765-3824

Está cada vez maior o desafio de escolher uma profissão. No mundo do trabalho, principalmente nos dias atuais, as pessoas são vistas como instrumentos para fins lucrativos. Durante toda a história, sempre existiram profissões mais valorizadas do que outras, variando de acordo com a demanda, muita vezes, imposta pela mídia, que as apresenta como sinônimo de sucesso, dessa forma, contribuindo muito para que as pessoas busquem essas carreiras, porém, algumas vezes não são compatíveis com seus perfis.

O trabalho sempre esteve presente na vida das pessoas ao longo da história da humanidade e foi o motor que conduziu a sociedade. Aos poucos, reformulou-se de acordo com as mudanças de cada período e cultura. Nos relatos mais antigos sobre o trabalho, este era visto como obrigação dos escravos, não fazendo parte do cotidiano de pessoas educadas, abastadas ou com autoridade. Porém, com o tempo, percebeu-se que o trabalho era mais do que um instrumento para gerar riqueza, pois estava intimamente relacionado à personalidade. Se falarmos que alguém é médico, psicólogo ou mecânico, estamos definindo-o a partir de seu trabalho.

No início não se tinha noção de emprego, o trabalho era a relação escravizador-escravo, tendo como elo a necessidade de se abrigar e comer. Nessa mesma época, havia os artesãos que não tinham patrões, mas clientes que pagavam por seus serviços. No entanto, isso ainda não era considerado emprego.

Apenas com o advento da Revolução Industrial é que começa a se ter noção de emprego, em que as pessoas ofereciam seu trabalho como moeda de troca.

A partir daí, começaram a perceber que alguns indivíduos possuíam mais vocação para determinadas atividades. Porém, vocação no contexto relacionado ao indivíduo é amplo e excede o direcionamento de uma profissão. A vocação é uma equação de herança genética com componentes desenvolvidos num processo de maturação, constituindo assim o processo de desenvolvimento vocacional. Ou seja, a vocação não é predestinação, e sim uma criação.

O desenvolvimento vocacional engloba os processos de desenvolvimento físico, intelectual, emocional e social. Todavia, há variações determinantes, condicionantes ou perturbadoras do processo de desenvolvimento vocacional que advêm, frequentemente, do processo de desenvolvimento da personalidade.

A relação entre o desenvolvimento da personalidade e o desenvolvimento vocacional está no autoconceito que o indivíduo tem de si próprio e de sua identidade vocacional, que começam a se formar antes da adolescência; a identidade ocupacional constituída por identificação parental e/ou percepção dos papéis ocupacionais; e o grau de satisfação que o indivíduo deseja alcançar em seu trabalho.

Apesar de a identidade vocacional começar a se formar antes da adolescência, é só entre o final da adolescência/início da fase adulta que o indivíduo de fato necessita fazer uma escolha profissional. Decidir-se por uma carreira supõe a elaboração de perdas (infância) e a escolha de um objeto de desejo (uma ocupação profissional, muitas vezes carregada de fantasias e expectativas).

O grande desafio a ser encarado pelo indivíduo é a escolha profissional, que a cada dia está mais precoce, mediante a entrada na universidade ou até mesmo no mercado de trabalho. Diante disso, é possível perceber uma grande insegurança do indivíduo nesse momento ou até mesmo durante a formação profissional. A partir dessa insegurança, surge a necessidade de se preparar para a escolha, que é de grande importância para a vida e a realização do indivíduo, sendo essa preparação tanto para a escolha de um curso de formação ou até mesmo para o planejamento de sua carreira do futuro profissional.

A escolha profissional não é uma decisão fácil, principalmente na atualidade, em que temos uma grande variedade de carreiras ligada à mídia e a estereótipos profissionais. Escolher implica não apenas na decisão sobre o futuro, mas também reconhecer as influências que teve desde sua infância. Esse momento é carregado de esperanças, medo e insegurança. Dessa forma, percebe-se que a escolha não é somente do indivíduo, mas sim de todos que o rodeiam, como familiares, professores etc. Desse modo, construir uma carreira profissional é, inclusive, decidir desafios que irá enfrentar dali em diante.

Nessa ocasião é que o psicólogo entra como mediador e avaliador do desenvolvimento vocacional, possibilitando condições aos indivíduos em dúvida, de se conhecerem e a partir daí direcionarem uma escolha eficiente e de fato relacionada à sua habilidade.

O papel do psicólogo nesse momento não é de realizar psicoterapia, seu propósito possui o foco vocacional e/ou profissional, com tempo delimitado.

Essa intervenção se chama orientação vocacional e/ou profissional, que consiste num conjunto de práticas destinadas ao esclarecimento sobre a dúvida na carreira profissional. E ocorre num processo de atendimentos, num trabalho preventivo que consiste em elucidar elementos necessários para possibilitar uma melhor escolha profissional para cada indivíduo. Nesse processo são avaliadas características de personalidade, aptidões, interesses, habilidades específicas e conhecimentos teóricos e práticos sobre qualquer assunto relacionado a profissões de interesse, a fim de direcionar possibilidades de carreiras mais adequadas ao perfil do indivíduo.

Na maioria dos casos, os adolescentes que estão entre o segundo e o terceiro anos do ensino médio buscam a orientação vocacional/ profissional. Porém, em menor proporção, também podem buscar informações sobre esse serviço adolescentes ainda no nono ano do ensino fundamental, interessados em conhecimento de habilidades para cursarem algum curso técnico específico no ensino médio. Porém, também é possível perceber que vem aumentando o número de jovens universitários, indivíduos que já ingressaram em um curso de graduação ou politécnico, interessados em confirmar ou não sua escolha prévia de uma carreira. Em casos mais específicos, ainda é possível ver indivíduos já inseridos no mercado de trabalho em busca de autoconhecimento para um melhor direcionamento de sua carreira, ou até mesmo buscar nova colocação no mercado de trabalho em área completamente distinta.

Tenho colocado em meu texto os termos orientação vocacional/ profissional, pois atualmente o termo orientação vocacional tem sido substituído por orientação profissional, tendo em vista que somente a vocação não é o bastante para o bom desempenho em uma determinada carreira. Portanto, a orientação profissional baseia-se na indicação de profissões, a qual o indivíduo desenvolveu sua vocação, em paralelo ao seu desenvolvimento cognitivo e de personalidade, incluindo seu relacionamento interpessoal no meio em que vive.

Ao psicólogo que realizará o processo de orientação vocacional/ profissional cabe prestar assistência para que o indivíduo possa descobrir suas singularidades, acompanhando sua decisão, sem interferir nos resultados e/ou escolhas. Há uma investigação, já nos primeiros atendimentos, sobre a história pessoal, gostos, preferências e atitudes, que podem ser elementos-chaves durante o processo.

Atualmente temos dois tipos de processos de orientação vocacional/ profissional: clínica e psicométrica. A intervenção clínica baseia-se em atendimentos em que o indivíduo é estimulado a entender conflitos e ansiedades que experimenta em relação ao seu futuro. Também há o debate sobre carreiras e profissões com base nas potencialidades; e o prazer no estudo e na profissão que pensa em seguir. Já a intervenção psicométrica baseia-se na aplicação de instrumentos (testes psicológicos) para avaliar e mensurar habilidades, personalidade e desenvolvimento cognitivo. A partir desses resultados, são indicadas carreiras de acordo com o seu perfil. A intervenção psicométrica, por ter resultados fidedignos de acordo com escalas de avaliação, torna-se mais assertiva nos resultados. Porém, caso a escolha seja a intervenção psicométrica, é necessário que o profissional que a conduz tenha uma escuta clínica, para que sejam corroborados os resultados psicométricos com a fala do orientando.

O processo de orientação profissional consiste em atendimentos que variam de acordo com cada pessoa, geralmente ocorrendo entre oito e dez atendimentos. Diferentemente do que se pensa, a orientação profissional não é um único teste, no qual o resultado é determinante e direcionado a uma profissão. O processo consiste em atendimentos de direcionamento de autoconhecimento, reconhecimento de habilidades e interesses acerca de um futuro profissional. Além do mais, o psicólogo nunca deve apresentar uma única opção de carreira como resultado do processo. Durante a intervenção, é possível identificar duas ou três carreiras correlacionadas, dentro do perfil apresentado pelo indivíduo. Isso é necessário porque a escolha final deve ser do próprio indivíduo que buscou o serviço. É muito importante que o psicólogo o conscientize sobre isso, pois quem busca a orientação profissional tem a ideia de que quem o atende irá decidir a sua futura carreira.

O psicólogo que atua com o processo de orientação vocacional/ profissional deve estar sempre atualizado sobre carreiras novas, universidades e cursos de capacitação de referências para cada profissão, técnicas de relaxamento para orientar o indivíduo em momentos de maior ansiedade que antecedem a prova do Enem e/ou vestibulares. Durante o processo também é possível trabalhar, brevemente, questões relacionadas aos familiares, que porventura queiram direcionar a escolha profissional com base em suas próprias experiências.

A partir da finalização do processo de orientação vocacional/profissional, o indivíduo começa a se dedicar à carreira escolhida por ele, e nesse momento se percebe a real motivação para o desempenho de atividades, que a princípio farão parte de toda sua trajetória profissional. As pessoas que escolhem cursos de capacitação e/ou graduações já começam, ainda durante o curso, a se identificar com determinadas áreas ou atividades específicas. É possível também perceber que a identificação torna-se mais rápida em indivíduos que passaram pela orientação vocacional/profissional. Aqueles que não passaram por esse processo muita vezes se questionam se realmente fizeram uma boa escolha, e em vários casos mudam de curso ou até mesmo desistem de continuar os estudos.

A assertividade na escolha da carreira é percebida, no mercado de trabalho, por meio de profissionais dedicados e satisfeitos com suas escolhas. A satisfação não deve ser fundada em ganhos (salários e benefícios), mas sim em tudo que o indivíduo buscou e alcançou de positivo na carreira e em toda sua trajetória profissional. É possível conhecermos trabalhadores supervalorizados no mercado, com status, poder e ótimos ganhos financeiros e benefícios indiretos, porém, que não se sentem felizes e/ou satisfeitos com a carreira ou com as atividades profissionais que exercem. Em contrapartida, é possível vermos outros com ganhos medianos satisfeitos e felizes com suas escolhas. A partir disso, é necessário percebermos que satisfação no trabalho nos remete à boa produtividade, pois quando estamos satisfeitos e felizes na execução de algo prazeroso, tendemos a trabalhar com mais dedicação, produzirmos mais e com melhor qualidade.

9

Conexão autêntica entre pais e filhos

A chave para o relacionamento que você merece ter com seu filho!
A conexão acalma, acolhe, ajuda a tomar melhores decisões, tira o outro
da defensiva e, o melhor, permite o aprendizado!
Vale experimentar, não é mesmo?

Melissa Frota Guimarães

Melissa Frota Guimarães

Mãe do Gabriel e do Felipe, diariamente na busca de ser o melhor exemplo para meus filhos e de ajudar outros pais a lutarem pelo mesmo. Com isso, juntos, poderemos transformar gerações! Graduada em Ciências Farmacêuticas pela Faculdades Oswaldo Cruz (FOC/SP), *coach* de Pais, Filhos e Escolas, formada pelo Instituto de Coaching Infantojuvenil (método *KidsCoaching*), consultora educacional certificada em Disciplina Positiva pela Positive Discipline Association, da Califórnia, certificada em *Coaching* para Pais pela The Parent Coaching Academy (Reino Unido) e pela Parent Coaching Brasil.

Contatos
www.paisefilhosconectados.com.br
contato@paisefilhosconectados.com.br
Instagram: @melissa.paisefilhos.conectados
Facebook: @Melissa Frota Guimarães
YouTube: www.youtube.com/MelissaFrotaGuimaraes

Muitas vezes, os pedidos não são atendidos, a comunicação não acontece, as palavras chegam sem sentido aos ouvidos dos nossos filhos, e o carinho deles pode demorar a chegar. Sabemos como é difícil ser ouvido, atendido, compreendido por eles, e, dependendo da fase em que eles estão – dois, cinco, nove, treze, dezessete anos –, isso pode ficar ainda pior!

E tem solução? Parece que, mesmo com tantas informações disponíveis, *blogs* e orientações sobre educação dos filhos por todo lado, ainda fica difícil colocar tudo isso em prática quando estamos em casa, não é mesmo?

Bem, já sabemos que não tem bula, fórmula perfeita, receita pronta ou pó de pirimpimpim... O que temos são famílias que encontraram seu jeitinho, testaram, experimentaram e fizeram diferente, pois queriam resultados diferentes! Então a proposta aqui é avaliar o que funciona para você, o que entra em sintonia com a sua família, pois cada uma é única, com vivências e experiências para lá de especiais. Conscientizar-nos, aprimorar o que funciona e ter paciência consigo mesmo e com nossos filhos permitirão que as mudanças desejadas ocorram em nossa família.

Mas e quando a briga acontece, você entra na disputa de poder com seu filho? Ou quando ele não faz o que pede, como você reage? Grita ou castiga? Independentemente da idade dele, e dos desafios que vocês têm vivido juntos, você verdadeiramente já se permitiu ter uma conexão autêntica com ele? O que quero dizer com conexão autêntica é o que você faz, para que seu filho faça o que precisa ser feito, de maneira harmônica e sem embates, ajudando-o a dar significado e entendimento aos seus pedidos. Ele verdadeiramente precisa se sentir parte e entender o porquê daquilo, para que faça o que pedimos sem embates.

Por isso, principalmente nos momentos difíceis, essa é a chave: a conexão antes da nossa correção. A conexão acalma, acolhe, ajuda a tomar melhores decisões, tira o outro da defensiva e, o melhor, permite o aprendizado! Vale experimentar, não é mesmo? E como fazer isso?

Bem, quando desejamos aprender inglês ou uma nova modalidade de esporte ou melhorar uma atitude, o que precisamos fazer diariamente para obter bons resultados? Treino, não é mesmo? Pois é, esse é um convite a você, que deseja melhorar a sua comunicação e relacionamento com quem mais importa: treine a conexão!

E para isso, basta continuar esta leitura, pois faremos isso de duas formas: a primeira, entendendo melhor as sete principais maneiras de realizar essa conexão, e a outra, com exemplos reais de diálogos para que você pratique ainda mais, e termine esta leitura com muitas ideias e novas atitudes para acionar hoje mesmo.

Treino e tempo são aliados infalíveis para quem quer atingir seus objetivos. Não desista nas primeiras tentativas, e não espere resultados imediatos de seus filhos. Somos seres humanos e estamos em aprendizado contínuo, nossas crianças, então, nem se fala! Só para esclarecer e ficarmos na mesma página, pode ser que seu filho ainda tenha um longo caminho a percorrer, uma vez que o cérebro de uma pessoa só é considerado totalmente desenvolvido aos vinte e poucos anos.

Isso quer dizer que, por mais que desejamos que nossos filhos se comportem de forma consistente ou façam imediatamente aquilo que pedimos, eles simplesmente ainda não possuem essa capacidade. Pelo menos, não o tempo todo. O que nos faz concluir que não podemos esperar deles aquilo que eles ainda não podem nos dar. E posso dizer que, saber disso hoje, me permite exercer a maternidade de maneira muito mais leve.

Além de respeitar o tempo delas, que hoje já sei que não é igual ao tempo dos adultos, o que desejo agora é ensinar às crianças como fazer o certo e não castigá-las pelo que fizeram, isto é, meu objetivo é ajudá-las a mudarem seu comportamento, e não fazê-las sofrer. Quando partimos diretamente para essa segunda opção, perdemos a oportunidade de ensinar e buscar uma solução, ou seja, focamos na punição, que muitas vezes só leva a brigas de poder e vingança. Em outras palavras: você prefere ensinar ou magoar seu filho? Imagino que ensinar. Se for isso mesmo, as sete ferramentas a seguir serão muito úteis.

Veremos agora algumas atitudes para que você inicie essa conexão hoje mesmo. Com base em meus estudos em Neurociência, *Coaching* Parental e Infantil, Comunicação não Violenta, Disciplina Positiva e na minha experiência como mãe, compilei as ferramentas que mais ajudam nessa conexão autêntica. Elas não seguem uma ordem específica, leia-as com calma e experimente conforme sua necessidade.

1. Olho no olho: vale ficar na mesma altura e chegar pertinho para pedir algo, vale aquela piscadela de cumplicidade quando algo simples dá certo ou vale o silêncio do olhar quando algo dá errado... Vale olho no olho!

2. Toque – Abraço: libera hormônios do bem-estar, como ocitocina, e diminui o nível do hormônio do estresse, o cortisol. Mesmo com alto nível de estresse, ele é recomendado. Então, parta para o abraço e veja os resultados. Não force e respeite se esse não for o caso naquele momento. Dê um tempo, mas avise: "Estarei aqui, caso você queira um abraço".

3. Valide os sentimentos: compreenda a dor do seu filho. Crianças têm problemas de crianças, não menospreze. Imagine que o braço da boneca preferida da sua filha, recém-quebrado pelo irmãozinho mais novo, fosse uma ralada na lateral do seu carro, feita pelo seu vizinho de garagem? Sentiu? Ah, é claro, quando seu filho cair, reflita: o que eu gostaria de ouvir nesse momento? Será que você prefere "Não foi nada, já vai passar"... ou "Puxa, essa deve ter doído hein!? Precisa que eu pegue gelo para você?".

4. Mostre a sua vulnerabilidade: erros podem ser ótimas oportunidades para aprender, digo "podem", pois apenas se não vierem carregados de algo ruim ou vergonhoso! Reconhecer que erramos significa assumir uma responsabilidade pelo que fizemos, e as crianças aprendem responsabilidade quando têm exemplos disso! Essa coragem de se mostrar imperfeito para seu filho vai possibilitar essa conexão tão desejada: experimente! Fale mais: "Ops! Errei!". Peça mais desculpas... por seus atrasos, por combinados que não concluiu. Não esconda o choro quando este se apresentar em seu rosto, verbalize o que dói em você. E quando seu filho errar, termine com: "O que nós podemos aprender com isso?".

5. Encoraje-o: assim como Rudolf Dreikurs já dizia: "Crianças precisam de encorajamento assim como as plantas precisam de água. Elas não podem sobreviver sem isso". Isso me faz refletir sobre a importância da nossa "voz". Elas acreditam em nós, lembre-se disso. Por isso, foque nas conquistas positivas do seu filho. Mas cuidado: não faça elogios vazios, seja sincero, mostre como ele é capaz e que pode contribuir com o todo. Por vezes, ele pode não ter feito um gol naquele campeonato tão importante da escola, mas você pode lembrá-lo do passe que ele fez para que aquele gol acontecesse. Ou pode não ter tirado dez na prova de Geografia, mas você pode lembrá-lo que acertou todas as capitais que tanto tinha dificuldade de memorizar. Percebe a sutileza do encorajamento?

6. Respeito mútuo: não sei qual o seu entendimento pelo respeito, mas percebi o quanto não entendia bem isso, já que muitas vezes verbalizava para meus filhos: "Quem manda aqui sou eu!" ou "Você vai fazer isso, sim, porque sou sua mãe e quero que você faça!". Isso é respeito? Ah, mas é criança, então pode humilhar, não é mesmo? Após minha certificação em Disciplina Positiva, em que fizemos algumas vivências, senti na pele o quanto isso é abuso de poder e o quanto humilhava meus próprios filhos. E o pior: só os deixava mais vingativos e cheios de mágoas. Agora experimente colocar essas mesmas duas frases em outro diálogo, por exemplo, verbalizando isso para seu chefe ou para seu amigo, como será que isso lhe soaria? Seria respeitoso da sua parte? E por que com as crianças nos permitimos fazer isso? Pois é, sabemos que muitas vezes copiamos padrões familiares por anos e anos, e fazemos achando que é o certo. E já sabemos também que a maneira mais efetiva de ensinar algo, principalmente para uma criança, é sendo exemplo daquilo. Por isso, seja respeitoso com seu filho, considere a sua opinião. Mesmo que você não possa atendê-lo, permita que seu filho tenha vontades/desejos. Afinal, todos nós não temos? Mesmo que não seja possível fazer o que lhe é pedido, seja gentil com ele. E para confirmar se está verdadeiramente sendo respeitoso, faça um teste e avalie: isso que você está prestes a verbalizar ao seu filho poderia ser dito a um amigo ou vizinho? Se não couber para eles, também não cabe para o seu filho.

7. Brinque com seu filho: para uma criança, o brincar é muito importante, e acredito muito nisso. O brincar nos conecta com o mundo dela. Fazendo isso, descobrimos como pensa, como age, e podemos, inclusive, ensinar valores muito nobres por meio das brincadeiras. Você sabe por qual desenho, brinquedo ou jogo seu filho tem se interessado ultimamente? Sabemos que em cada fase a preferência muda muito. Você acompanha esse fluxo? Já reparou como ele gosta de brincar conosco? Para alguns pais, brincar não é uma tarefa muito fácil, e isso é mais comum do que imaginamos. Se for esse o seu caso, não se culpe e proponha algo que seja interessante para você também, negocie com seu filho. Se brincar em casa é maçante, vá para o parque, explore outros ambientes, mas dê atenção exclusiva a ele, mesmo que seja por alguns minutos diários. Defina esse tempo e se permita.

Afinal, é o que ele mais almeja: nossa atenção, pois com isso se sente importante, e essa é uma das necessidades primárias de todos nós, adultos ou crianças: se sentir importante! Quando nos sentimos valorizados, a sementinha da autoconfiança brota e muitos frutos serão colhidos!

Agora que leu as sete ferramentas, volte lá e me responda: qual delas é a mais importante para você neste momento? Desafio-o a pegar essa ferramenta escolhida e a praticá-la verdadeiramente por uma semana com a sua família. Após os sete dias, vou aguardar o seu e-mail (envie para contato@ paisefilhosconectados.com.br, com o título: Desafio conexão por sete dias) me contando como foi essa experiência, pois para mim valerá a pena se para você também valer!!!

Com a prática e muito treino, possivelmente passará a utilizar todas elas em apenas uma intervenção, e se isso acontecer é porque a conexão já se consolidou na sua relação familiar e o treino foi concluído com sucesso!

Pensando em como seguir nessa busca pela conexão, selecionei cuidadosamente alguns exemplos de diálogos que podem realmente ajudá-lo nesse treino. Sugiro que adapte as frases a seguir para a idade e o vocabulário de seu filho. Além disso, é importante lembrar que quanto menor a criança, menos palavras e argumentos devem ser ditos, ok?

Convite à revolta ou disputas de poder	Convite à conexão
"Eu sabia que se você levasse isso para escola alguém ia quebrar..."	"Puxa, você deve estar se sentindo triste agora. Eu entendo. Eu me sentiria assim no seu lugar."
"Tá vendo que assim não dá? Olha aí, você chutando as coisas novamente..."	"Vamos nos acalmar e ver como podemos resolver isso de uma maneira que seja respeitosa para nós dois? Ajudaria se você ficasse um pouco sozinho?"
"Esta é a última vez que arrumo seus brinquedos... Não aguento mais pedir a mesma coisa!"	"Percebo que você tem mais brinquedos do que consegue cuidar. Para manter o privilégio de tê-los, você vai precisar guardar após o uso, ok?"
"Vá estudar! Já pedi mil vezes!!!"	"Você prefere estudar antes ou depois do jantar?" ou "O que você pode fazer para conseguir ir melhor nas provas?"

"Viu como você sempre se atrasa para ir à escola?"	"Já é a terceira vez essa semana que você sai atrasado para a escola. O que poderia fazer para que isso não aconteça amanhã?"
"Não acredito! Você bateu no seu irmão de novo, é isso?"	"O que aconteceu entre vocês?"
"Eu quero que você arrume sua cama agora!"	"Olha, eu não posso forçá-lo a fazer isso, mas também não consigo fazer tudo sozinha, então como você acha que poderia colaborar nas tarefas de casa?"
"Você riscou a cadeira só porque eu estava dando banho na sua irmãzinha? Como assim? Já para o quarto de castigo!"	"Você sentiu que eu amo mais a sua irmã que você, foi isso? Eu compreendo que tenha entendido desse jeito... Imagino que essa atenção que tenho dado a ela não fez você se sentir bem... Acho que entendo o que você sentiu... Quando tinha 13 anos, eu..."
"Esqueceu-se de levar seu lanche para a escola outra vez?"	"Puxa, você deve estar com fome então. O que você poderia fazer para evitar que isso aconteça novamente?"
"Como pode ser tão desajeitado? Essa foi a última vez que eu deixo você servir o leite!"	"Ops, o leite caiu! O que você precisa fazer agora?" (direcione para que a criança realize essa limpeza).

Os exemplos anteriores são apenas algumas ideias de como podemos nos conectar melhor com quem mais importa.

E praticando esse tipo de comunicação, tenho certeza de que a semente da gentileza será plantada no coração do seu filho e, em breve, muitos frutos serão colhidos. Aproveite para seguir mais seu coração e ouvir menos os padrões familiares que você já reconhece que não trazem melhorias ou que não lhe fazem bem. Não permaneça só mexendo a panela, altere os ingredientes e experimente novas receitas. Aguardo o seu e-mail.

Referências

BRYSON, Tina Payne, SIEGEL, Daniel J. , ZANON, Cássia. *O cérebro da criança*.

BRYSON, Tina Payne, SIEGEL, Daniel J. , ZANON, Cássia. *Disciplina sem dramas*.

NELSEN, Jane Ed.D. *Disciplina positiva*.

10

O poder do discurso materno

"A experiência da maternidade é uma oportunidade singular
para a mulher trilhar o caminho do autoconhecimento.
As respostas para todas as dúvidas moram em seu interior,
mesmo que não sejam evidentes."

Michele Alves

Michele Alves

Mãe da Pietra, 5 anos. *Wizard* e *Master Avatar*, licenciada pela Star's Edge Internacional. *Master Coach* com pós-graduação de Gestão de Pessoas com *Coaching*. Especialista em *Business and Executive Coach* e *Coaching* de Equipes, formada pelo Instituto Brasileiro de Coaching, com certificação internacional pela Behavioral Coaching Institute (BCI), European Coaching Association (ECA), Global Coaching Community (GCC), Internacional Association. Certificada pelo método *Inner Game*, em treinamento ministrado por Tim Gallwey, reconhecido como o fundador do conceito *Coaching*. Consultora em Análise Comportamental e Avaliação de 360º – DISC. Graduada em Administração de Empresas, com ênfase em Finanças Empresariais, com especialização em Estratégia Gerencial – Custos, Orçamento e Indicadores de Desempenho, pela FGV-SP.

Contatos
www.vivainsync.com.br
michelealves.coaching@gmail.com
Facebook: coachmichelealves
Instagram: michelealves.coach
(11) 94141-1408

Gostaria de começar este capítulo provocando uma reflexão sobre o motivo que leva as pessoas a desejarem filhos. Você já notou que existe uma programação social automática que conduz as pessoas a casarem e constituírem família? Isso faz sentido para você?

Para iniciar o processo de compreensão sobre o poder do discurso materno, é importante descobrir qual é a parte que está em você que deseja ter um filho. Ao longo de toda a jornada do homem, foi e continua comum nos mais diferentes modelos sociais casais gerarem filhos de forma indesejada ou inesperada, sem planejamento ou escolha consciente. Então, fica a pergunta: quem em você quer ter um filho e para quê? Vem da necessidade de cumprir um programa social, de suprir uma carência ou é um comando do coração?

Trazer um filho ao mundo implica uma dose respeitável de responsabilidade, que compreende a atenção aos cuidados básicos e fundamentais com o filho e que passam pela preservação da integridade física (saúde e bem-estar), pelo processo de socialização (interação com o meio em que a criança vive) e vai muito além, incluindo, em larga escala, o desenvolvimento emocional.

Poucas mães têm consciência da maternidade como um processo de iniciação espiritual. A espiritualidade pode ser definida como uma "propensão humana a buscar significado para a vida por meio de conceitos que transcendem o tangível, à procura de um sentido de conexão com algo maior do que si próprio". A espiritualidade pode ou não estar ligada a uma vivência religiosa.

A mãe é o portal de acesso para a chegada da criança. As primeiras influências ocorrem por meio dela. O bebê recebe todos os impactos do ambiente e informações do mundo que o espera enquanto ainda está na barriga da mãe.

A principal influência é recebida logo no início da vida, pelo leite materno. E este canal pode transmitir amor ou carregar os medos (e seus diferentes nomes) da mãe – muitas vezes, o leite chega com sabor de rejeição, impaciência ou raiva; outras vezes, o leite nem chega. Para a criança, o contato com a mãe é fundamental na formação da autoconfiança. A partir daí, as crenças começam a ser formadas. O amor ou o medo (da escassez, da sobrevivência, do merecimento etc.) começam a se instalar em nosso sistema.

Aquilo em que acreditamos é a causa mais importante de qualquer situação pessoal. Nossos pensamentos têm origem nos arquivos que guardamos em nossa mente. As informações armazenadas são feitas da programação do passado.

O discurso materno

Quando uma criança nasce, sua mãe a observa e a nomeia. Ela projeta a sua própria percepção que costuma ser uma projeção de si mesma sobre o filho, e o nomeia como ele é – o que acontece com ele é o que ela deseja. Ela vai escolher palavras para descrevê-lo e estas coincidirão com algumas das suas manifestações (a realidade valida as nossas crenças).

Quando um bebê chora (algo totalmente esperado, pois ele reclama algo – contato, atenção, olhar, presença etc.) e esse choro for além do que a mãe "tolera", ele se tornará um chorão. Igualmente poderá ser julgado como tranquilo se o(s) irmão(s) mais velho(s) chorou mais do que este bebê. O choro é uma realidade. A percepção que a mãe tem "desse choro" será "nomeada" a partir de algo que identifique.

Ao longo das nossas vidas, nossos personagens também são formados pelo discurso materno (são as peças de teatro encenadas no palco familiar). Cada vez que um novo integrante do elenco nasce, os pais procuram disfarces para vesti-lo. Neste baú há disfarces de todos os tipos: a princesa, a bruxa, o lobo, o salvador, Deus, o anjo, a flor, o guerreiro etc. É interessante porque é oferecido à criança algo que já é muito usado na família. A criança também pode escolher seu disfarce se a mãe perceber o que ela traz consigo. É como um jogo inconsciente em que todos jogam. Trata-se de uma trama familiar difícil de detectar, porque quase todas as percepções são inconscientes. É assim que cada criança é vestida com seu disfarce, e dificilmente a mãe terá lembrança exata em relação ao momento preciso que isso foi conferido.

Tudo o que a criança escuta de si mesma, positivo ou negativo, tem relação com o personagem que encarna e, assim, em sua necessidade desesperada de ser amada, tentará ser a mais valente dos valentes, a mais bela das belas ou a mais doente dos doentes. Sabe por quê? Porque se os adultos, ao olhá-la, olham seu personagem, então para ser vista a criança terá de exibir seu disfarce, a fim de ser o melhor de todos. Assim passam os anos e nunca saberemos como era essa criança em essência.

O que falamos aos nossos filhos desde o momento em que eles nascem contribui para formar a personalidade, com base em tudo o que foi dito a eles durante a infância, pois a criança que ainda não foi corrompida e contaminada pelas crenças dos adultos à sua volta, simplesmente segura a mão do pai ou da mãe e vai com eles, sem saber para onde eles estão levando. Como consequência, esse discurso terá influência em todos os setores da vida deles, principalmente na fase adulta.

É preciso observar o modo como falamos. Com perfeita sintonia, pode-se compreender, sentir, traduzir e vivenciar o que a criança precisa. Não se trata de apenas criar os filhos com amor, mas de uma tarefa muito mais complexa: criá-los livres, livres de projeções. Dar-lhes liberdade, pois o que é bom para você, pode não ser bom para eles.

Talvez você possa perguntar ao seu filho o que precisa, em vez de impor autoritariamente para que ele se adapte às suas necessidades e o obrigue a carregar para sempre as pesadas mochilas do desejo alheio.

É preciso curar os pais para que possam educar os filhos corretamente e abrir mão da necessidade de ter as expectativas e carências satisfeitas por meio deles, pois essa é a raiz do problema.

Somente pela reforma da educação dos adultos é que se pode transformar a vida das crianças; caso contrário, isso que chamamos de educação continuará sendo somente uma reação ao passado e à projeção das nossas dores infantis.

O caminho do autoconhecimento

A experiência da maternidade é uma oportunidade para a mãe trilhar o caminho do autoconhecimento. As respostas moram em seu interior, mesmo que não sejam evidentes.

A mãe pode descobrir dentro de si mesma os recursos, capacidades, formas de dialogar e atuar com seu filho. Dessa forma, poderá conduzir eficazmente a educação e o desenvolvimento de suas competências emocionais essenciais para também atingir a autodescoberta e realização do seu potencial.

Para educar um filho no caminho da vida é importante conhecer, antes de tudo, a si mesma, pois somente assim poderá ajudá-lo a viver livre de suas projeções.

Algumas vezes, olhar para dentro de si causa um conflito, pois pode existir alguém que não quer que você mude. Uma identidade só perde para uma crença no que diz respeito à influência que tem sobre a vida de uma pessoa. Se existe alguma causa que quer mudar, não há outra forma de enfrentar. Você tem que olhar para a situação e enfrentá-la como ela é.

Precisamos ter determinação e humildade para abrir mão do nosso orgulho e assumir nossos erros. Precisamos nos curar do egoísmo, e somente o autoconhecimento pode nos trazer essa cura.

O caminho do autoconhecimento é uma viagem de exploração interior, que ajuda a nos conhecermos melhor e a construir uma vida que tenha sentido. Esta é a mais poderosa habilidade que um ser humano pode desenvolver em sua vida. Estar em contato com suas próprias qualidades, habilidades, potenciais, limitações e pontos de desenvolvimento é tomar consciência daquilo que existe dentro de nós e encarar com coragem o que somos na essência.

Como toda viagem tem um ponto de partida, iniciaremos com os valores pessoais e crenças. Os valores são o conjunto de características de uma pessoa ou organização, que se comporta e interage com outros indivíduos e com o meio ambiente.

As nossas escolhas, decisões, ações, pensamentos e sentimentos sofrem uma influência direta dos nossos valores pessoais. Para que você possa tirar o máximo proveito da sua vida é importante saber com o máximo de precisão possível quais são os valores pelos quais sua vida é regida. Alinhar a sua vida com seus valores aumenta a probabilidade de você ser bem-sucedido.

As crenças são convicções que a pessoa toma para si. Elas podem ter base na imitação de pessoas que estão ao nosso redor.

A formação de crenças é um processo que se dá a partir de inúmeras variáveis. Elas iniciam desde a fase intrauterina, experiências vividas na infância, estímulos até as heranças comportamentais dos familiares. Por isso, o papel dos pais é primordial, pois tudo o que é oferecido, desde a concepção do bebê, leva à formação das crenças.

As crenças, pensamentos e julgamentos se organizam a partir de uma suposição dita por alguém na primeira infância. O discurso instalado nem sempre pertence à mãe, pode ser também do pai ou uma figura importante que conduziu a educação da criança.

As palavras que ouvimos são internalizadas e se tornam crenças inconscientes. Aquilo que acreditamos ser verdade sobre nós mesmos cria a nossa percepção.

Nossa experiência de vida molda a forma como enxergamos a maternidade. As histórias de família e costumes culturais muitas vezes estão enraizados em nosso inconsciente, que damos como certo que vamos fazer desta ou de outra forma, ou ainda contrariar isso ou aquilo que sabemos ser um padrão da nossa família.

Se pudéssemos evitar que algumas crenças fossem instaladas na infância, tudo seria diferente. Cabe a nós, que adquirimos consciência sobre nós próprios, quebrarmos o ciclo de limitações e reprogramarmos nossas crenças sempre que necessário.

Se um pensamento ou crença não lhe é mais útil, livre-se dele! Só porque um dia você acreditou em alguma coisa, não é obrigado acreditar para sempre.

Nomeando os acontecimentos

Os filhos costumam ser os maiores defensores daquilo que a mãe disse. É importante que saibamos nomear corretamente os acontecimentos.

Quando seu filho se machuca e começa a chorar, o que você diz a ele? "Filho, não aconteceu nada." Essa resposta lhe parece familiar? A criança entende que aquilo que está sentindo não é nada, mas como continua doendo, ela aumenta a intensidade do choro. Caso você interprete que esse choro é um exagero, começa a se irritar com a criança. A pergunta que eu lhe faço é: você acha que seu filho está seguro com o que está acontecendo com ele?

Se prestarmos atenção nas coisas que dizemos diariamente, veremos se há consistência no que é falado com o que realmente acontece.

Desde o início da vida, a criança depende da interpretação da realidade que a mãe faz. A criança tem um conjunto de percepções e sensações que precisam ser nomeadas, mas, para isso, devem ser reconhecidas como válidas.

Quando a criança sente dor, ela precisa que aquela sensação seja nomeada como dor, para que quando a sinta, ela mesma possa reconhecê-la como tal.

As crianças precisam ter condições de organizar suas emoções para que não cresçam frágeis e emocionalmente fracas. Do contrário, crescem e se transformam em adultos como nós somos, com uma grande dificuldade de perceber o que acontece conosco, como reconhecer nossas sensações, localizá-las em nosso sistema emocional, registrar nossas necessidades ou estabelecer escolhas que tenham a ver com nossa essência e nosso mundo.

Nosso trabalho não é apenas resgatar a nossa inocência perdida, a espontaneidade da criança que existe em nós, mas também aceitar e acolher a espontaneidade de nossos filhos, para que eles se expressem com liberdade.

As crianças chegam ao mundo mais conectadas, porque estão mais próximas de seu coração. Elas são nossa oportunidade de olharmos para a nossa criança interior.

O contato com nossos filhos se dá de criança para criança. É com a nossa criança que nossos filhos se comunicam. É a nossa criança que traz à memória as lembranças do que é cuidado, do que é amor, do que é maternidade, para que, como mãe, devolva o que nossos filhos precisam.

O que somos hoje é reflexo do nosso passado, mas o que seremos amanhã só depende da forma como vivemos o hoje.

Diante de todo o meu processo de autoconhecimento, tive a oportunidade de crescer e de me transformar. O que me motivou a tudo isso foi uma simples pergunta: "qual é o modelo de mãe que você quer que sua filha tenha?".

Eu não quero projetar na Pietra o meu desejo, mas gostaria de inspirá-la. Poder retribuir a ela a gratidão de ter me mostrado tantos caminhos e possibilidades para eu ser uma pessoa melhor. Ensiná-la a lidar com seus medos, angústias, expectativas, dores e feridas emocionais, pois ela me ajudou a curar as minhas aflições. Foi acolhendo a minha criança que me tornei mais forte como mãe.

O modelo que quero apresentar é orientar nossos filhos em suas próprias escolhas, rumo a uma vida plena e feliz.

Somos uma criação única, sem igual. Temos nossos próprios talentos, habilidades, pontos fortes, fraquezas, sonhos e potencial. Conhecer-se a si próprio faz toda a diferença, uma vez que podemos ser tudo o que queremos ser.

Com amor,
Michele Alves

Referências

GUTMAN, Laura. *O poder do discurso materno.*

BABA, Sri Prem. *Propósito.*

11

Como ajudar seu filho a ser um verdadeiro campeão

Atentar para os talentos dos nossos filhos na infância e na adolescência é estimulá- los a desenvolver habilidades socioemocionais como uma maneira de prepará-los melhor para percorrer um caminho repleto de vitórias

Nina Lyra

Nina Lyra

Formada em Administração de Empresas pela UCSal e tendo realizado cursos de extensão em Comunicação e em Marketing pela ESPM, descobriu o quanto gostava de trabalhar com pessoas após 20 anos de atuação em vários segmentos da área de comunicação. Depois de conhecer o *coaching*, entendeu que sua missão é contribuir com paixão através da comunicação para o desenvolvimento de um estilo de vida focado em alta performance pessoal e profissional. Hoje atua como *Coach* Esportivo e *Life*, com dedicação também ao atendimento de crianças e adolescentes. Formação em *Master Coaching* Integral Sistêmico pela Febracis, em *Coaching* Esportivo pela Escola Panamericana de Coaching / Unisport Brasil e *KidsCoaching* e *TeenCoaching* pelo Instituto de *Coaching* Infantojuvenil. Além disso, é muito feliz e grata por também poder exercer seu melhor papel, ser mãe.

Contatos
www.ninalyra.com.br
instagram: ninalyracoaching
facebook: NinaLyraCoaching

Indivíduo: substantivo utilizado para denominar alguém do gênero masculino ou feminino, e de acordo com a biologia, é um ser único de uma espécie; ser que se distingue dos demais. **Família:** originada quando dois indivíduos, juntos, decidem partilhar suas vidas e formam um sistema que vai ter um funcionamento próprio, o qual vai se constituindo de acordo com a bagagem que é trazida por cada um deles, seja herdada ou adquirida. Por ser um sistema, a família adquire um determinado movimento que vai se amoldando e sendo modificado ao longo do tempo, principalmente com a chegada de outros indivíduos que compõem essa família, no caso, os filhos. E, sem que se perceba, todos os participantes passam a agir exatamente de acordo com esse funcionamento, que é particular desse sistema familiar.

Filho: indivíduo que descende. Tem sua origem em uma determinada família e é carregado por uma bagagem herdada geneticamente somada às suas memórias emocionais, sejam elas conscientes ou não, formadas por tudo aquilo que foi visto, ouvido e sentido, pelas experiências vividas repetidamente ou sob forte impacto emocional, principalmente durante sua primeira infância.

É sobre esse indivíduo "filho" que vou falar. Qual pai ou mãe conscientemente impediria que seus filhos fossem ricos, prósperos ou felizes? Acredito que nenhum. Porém, o que muito se vê é que nem todos conseguem ajudá-los naturalmente a trilhar um caminho de sucesso. Mesmo que haja uma boa intenção, a maioria dos pais tende a direcionar ou influenciar seus filhos para o que eles mesmos acreditam, assim acabam por decidir o que será melhor para eles. O melhor que esse pai ou essa mãe pode entender dentro de seus mapas, ou seja, de suas percepções e da forma como pensam, é consequência do que foi constituído por meio das suas vivências individuais e, agindo assim, sem querer, podem fazer com que seus filhos deixem de encontrar suas melhores escolhas, pelo menos em um primeiro momento de suas vidas.

Como as crianças aprendem?

Pela imitação: adquirindo semelhanças na maneira como pais, professores e cuidadores se comportam e expressam seus sentimentos diante de diversas situações. Uma espécie de reprodução automática se dá por meio da existência dos neurônios-espelho, os quais foram descobertos por volta de 1990 na Universidade de Parma. Segundo o neurocientista V.S. Ramachandran, os neurônios-espelho praticam uma simulação virtual da realidade, pois nosso cérebro adota a perspectiva de uma outra pessoa e pode aprender por meio da observação.

Uma vez uma amiga me falou que os filhos vêm para nos tornarmos melhores porque, além de nossas qualidades, vemos neles nossos próprios defeitos, algo que só entendi quando me tornei mãe. Hoje vejo como uma bênção, uma forma de evolução.

A fase dos "porquês": há uma fase na infância que é conhecida como a fase dos "porquês". Diante de tantas perguntas, para nos sentirmos confortáveis, muitas vezes nós, pais, nos acostumamos a apenas respondê-las, ainda que seja simplesmente com um porque sim ou um porque não, e como há cada vez mais respostas prontas para quase tudo, vamos tolhendo nossa capacidade de elaborar. Somos acostumados a ter sempre alguém para nos dizer o que fazer, porém quando as coisas não saem exatamente como gostaríamos, tendemos a responsabilizar esse alguém. Uma outra forma de resposta é devolver a pergunta, e quando perguntamos da maneira correta, geramos consciência e damos ao outro a possibilidade de escolher, fazendo-o sentir-se responsável pela sua decisão. Segundo Jean Piaget, referência no campo da Educação, a partir dos dois anos de idade, quando a criança começa a desenvolver sua capacidade de pensar, já é possível ajudá-la nesse sentido.

Em que aspectos temos sido exemplo para nossos filhos? Como nosso comportamento pode estar influenciando nossos filhos de forma positiva ou negativa? Como anda a qualidade do diálogo que estamos mantendo com eles? Onde está nosso olhar e escuta quando estamos juntos? Além de expressar amor e confiança em atos, palavras e ações, que são elementos fundamentais para que haja uma relação saudável entre pais e filhos, dialogar também ajuda a estabelecer uma relação funcional e é fundamental para o desenvolvimento psíquico saudável das crianças. Pensando assim, como gostaríamos de agir com nossos filhos a partir de agora? Como fazer para ajudá-los a encontrar as melhores respostas?

Passos para ser um campeão

O Gift[1]: todos chegam ao mundo com um *gift*. Algo único e especial, como um tempero preparado com ingredientes diferenciados exclusivamente nossos. São dons e talentos individuais que só poderão ser exercidos por nós mesmos. Desenvolver nosso potencial para fazer valer esse *gift* é abraçar a riqueza que é dada pelo Criador. Colocar em prática esse *gift* é poder presentear o mundo com o melhor que podemos oferecer.

Voltando ao pensamento de Brian Tracy citado no início deste capítulo, percebemos que não existe idade para começar a vencer, que ninguém nasce pronto. Como a criança tem pouca percepção de si mesma e do seu mundo por ainda não ter autonomia, é necessário o engajamento de suas famílias nesse processo para o entendimento e descoberta desses talentos. Alguma vez você já pensou em investir no potencial de uma criança? Percebe como é fundamental o papel da família e da escola na descoberta desse "*gift*"? Cada indivíduo possui inteligências diferentes; se você deseja ajudar seu filho, sobrinho ou aluno a desenvolver seus talentos, é importante não fazer comparações entre as habilidades dele com as habilidades de outras crianças.

Desvendando talentos

Nem todo pai consegue ser tão conectado consigo mesmo para entender o seu propósito, então como conseguirá perceber o de seus filhos? Eu, por exemplo, vivi muitos anos insatisfeita, sem uma noção clara do que era capaz de fazer justamente porque não tinha aprendido a me conectar.

---

1. Gift - Dom.

Em contraponto, há pais que são tão conectados com seus próprios propósitos que acabam não conseguindo ter uma conexão necessária com seus filhos para ajudá-los a descobrir os seus.

Não cabe culpar ninguém, tampouco buscar a perfeição. Como pais, agimos da nossa forma e sempre buscamos acertar. O objetivo é apenas propor uma reflexão, pois muitos acabam vivendo no automático e simplesmente se esquecem de realizar coisas simples, ainda que sejam muito eficazes nessa direção. Tirar um momento diário para se conectar com seus filhos, exercitar o olho no olho, praticar a escuta ativa e fazer boas perguntas é criar um vínculo afetivo e cognitivo, mas sempre levando em conta as limitações da idade. Isso poderá ajudá-los a decidir sobre suas próprias atitudes, a escolher seus próprios caminhos e, quem sabe, no momento certo, encontrar seus verdadeiros propósitos.

De acordo com a Psicologia Positiva, devemos ajudar a criança a aprimorar ainda mais suas qualidades. Se a criança tem facilidade em uma determinada matéria ou atividade, é aí que ela deve se dedicar mais, porém sem desprezar as outras. Agindo assim, ao longo do tempo, ela vai conseguir se destacar naquilo que já é boa e terá um diferencial para sua vida, elevando sua autoestima e força interior.

Ainda quando pequeno, perceba as brincadeiras preferidas de seu filho, suas escolhas por filmes e livros e quem são seus heróis ou personagens favoritos, quais atributos possuem esses personagens que mais chamam atenção nele: provavelmente é algo que seu filho também possui. Um caminho seria incentivá-lo a buscar cursos ou atividades que possam ajudá-lo a desenvolver esse potencial.

Para vencer

Além de perceber, identificar talentos e incentivá-lo a desenvolver algumas habilidades, se você realmente quer que seu filho seja bem-sucedido e conquiste seus objetivos, saiba que é importante também ajudá-lo a estar mentalmente preparado. Há um poder imenso dentro de cada um de nós e todos podem utilizar esse poder para vencer. Para começar a ser um campeão para si mesmo, é importante dar três passos:

1 – Querer – a vitória começa bem antes de vencer, e o primeiro passo é querer. É preciso querer com afinco.

2 – Acreditar – acreditar antecipadamente na vitória. Pense comigo: qual time tem mais chance de vencer? Aquele que diz que não vai conseguir ou o que entra em campo confiante?

3 – Preparar-se – dedicação e preparação são necessárias. A vitória começa a ser construída na mente, ou seja, por meio dos pensamentos e da comunicação. Vencer é uma consequência natural de tudo aquilo que se pensa, sente e acredita, daquilo que seu filho vai dizer para ele mesmo e para o mundo.

Coaching infantil e adolescente

Uma nova e interessante forma de preparar seu filho é pela abordagem *coaching* que propõe interagir com crianças e adolescentes na maneira singular como se relacionam com o mundo, em um trabalho feito em parceria com suas famílias. Utilizando ferramentas e técnicas lúdicas adequadas à idade e também por meio de boas perguntas, seu filho é estimulado a enxergar por si mesmo novas possibilidades para conquistar o objetivo traçado e não apenas continuar trilhando o mesmo e talvez único caminho que vinha percorrendo até então. É também uma forma de ajudar a desenvolver algumas competências e habilidades, seja identificando seus melhores talentos ou cuidando dos pontos de dificuldade para que aconteça uma mudança de comportamento. Assim, relações mais saudáveis, construtivas e maior conexão na comunicação dentro dos ambientes que ele frequenta são alguns dos resultados.

Recordam-se sobre o que ocorreu no filme *Escola de rock* quando o professor Dewey descobre o talento das crianças para a música e monta uma incrível banda na classe? E em *Sociedade dos poetas mortos*, em que o professor John Keating inspira seus alunos a perseguirem suas paixões individuais transformando suas vidas?

Fazendo uma analogia a estes filmes, procuro identificar durante o processo de *coaching* algo que cada criança ou adolescente tem afinidade ou gosta muito de fazer como uma atividade artística ou esportiva. Esse elemento age como coadjuvante no processo da mudança comportamental, evidenciando um contexto que para ele é bem familiar: é uma forma de estar mais próxima ao universo desses jovens, fazendo com que se sintam ainda mais distintos. Dessa maneira, é possível buscar uma imagem muito clara que representa a vitória para eles e os bons sentimentos que aparecem quando pensam nessa imagem. Com essa conexão, há uma maior mobilização para a ação, ajudando ainda mais no alcance do objetivo traçado e efetivo do processo de *coaching* infantil e adolescente.

Quanto mais cedo o indivíduo começar a desenvolver suas habilidades socioemocionais, mais cedo poderá obter benefícios em sua aprendizagem. Assim, oferecer a seu filho a oportunidade de se conhecer melhor na infância ou na adolescência, aprendendo a lidar com suas emoções, é uma maneira de extrair o melhor dele em uma fase muito importante da vida em que as crenças são formadas. Exercer essa mudança, certamente, é contribuir para que ele aprenda desde cedo a assumir o protagonismo de sua vida e possa dar os primeiros passos para se sentir um verdadeiro campeão, um campeão para si próprio.

12

Coaching vocacional: o que é e como contribui na escolha da profissão?

A escolha da profissão exige do jovem um elevado autoconhecimento. Além disso, constitui uma fase de expectativa e pressão familiar, na qual se faz necessário o apoio da escola. Entenda como o *coaching* vocacional pode ajudar os jovens a acertarem nessa tomada de decisão

Paulo Carvalho

Paulo Carvalho

Bacharel em Administração de Empresas na UFRPE. Fundador da Academia de Jovens Talentos, diretor de Jovens Talentos da ABRH-PE e membro fundador da ICF (Capítulo Regional-PE). *Professional Coach Practitioner* e *Leader Coach* pela Academia Brasileira de Coaching, *Coach* Vocacional pelo IMS Coaching de Carreira e participante do módulo *Essentials* da certificação internacional da TIGIS (treinado por Tim Gallwey, precursor do *coaching* no mundo). Analista de perfil comportamental *Profiler* certificado pela Solides. Mentor certificado pela Erlich e Artemisia. Idealizador do projeto "Academia de Jovens Profissionais" da ABRH-PE. Experiência de mais de quatrocentas horas de *coaching* individual e em grupo. Facilitação de mais de setenta palestras e cursos com três mil pessoas impactadas. Possui mais de vinte artigos publicados em sites e jornais. Colunista do Portal Sucesso Jovem e da revista Cloud Coaching®. Artigos e resumos científicos sobre *coaching* publicados em congressos nacionais e internacionais. Associado da ABRH-PE, Pessoas@2020 – Portugal e ICF Global. Coautor do livro *8 passos para acertar na escolha da profissão*, pela Editora Cia do Ebook.

Contatos
www.ajovenstalentos.com.br
Facebook: ajovenstalentos
coachpaulocarvalho@gmail.com
contato@ajovenstalentos.com.br
(81) 99616-6259

Em um contexto profissional cada vez mais competitivo e exigente, crescem as pressões sobre os jovens para a escolha da carreira profissional a ser seguida. Nos últimos anos da vivência escolar, é posta para os adolescentes a cobrança por uma formação técnica ou superior que atenda às preferências do jovem e aos anseios da família e da sociedade.

No entanto, nem sempre os estudantes do Ensino Médio possuem o autoconhecimento e as informações necessárias para realizar tal escolha. Esse fato pode desencadear uma série de consequências pessoais, familiares, institucionais e até para a sociedade. Por várias vezes, o receio de realizar escolhas erradas, a insegurança quanto às novidades e a influência de atores externos fazem com que estudantes optem por seguir as mesmas carreiras dos pais ou sejam influenciados por sugestões de terceiros – comportamento que gera frustração e infelicidade em grande parte dos casos.

E quando um jovem não escolhe bem seu caminho profissional, pode evadir-se do curso superior em que se matriculou ou tornar-se um profissional infeliz e descomprometido no trabalho. De acordo com Sampaio (2013), um índice de 40% a 50% de universitários evadem-se de cursos superiores. Além disso, o autor destaca que até 30% de jovens aprovados em instituições públicas revelaram já ter iniciado outro curso superior. Para a família, tal frustração não se reflete apenas na perda dos recursos investidos, mas também na incompreensão que pode resultar em discórdias provenientes da diversidade de interesses pessoais e profissionais.

As consequências para as instituições são evidenciadas nos altos índices de evasão dos cursos e na perda de recursos para investimento na melhoria do ensino. E, por fim, mas não menos relevante, toda a sociedade é prejudicada nesse sistema no qual há ocupação e ociosidade de vagas nas universidades, má formação profissional e, consequentemente, o caos na prestação de muitos serviços públicos. Não se está afirmando que apenas uma escolha profissional errada desencadeia todos os problemas supracitados. Trata-se de um fator que merece atenção e que pode contribuir com esse cenário. Concomitante a essa problemática, fatores como a crescente diversificação e criação de novas profissões, grande fluxo de informações e pouca experiência também contribuem com essa situação.

A orientação vocacional, fruto do campo da psicologia, torna-se então um elemento relevante para a tomada de decisão dos estudantes que, auxiliados por ferramentas de autoconhecimento, encontram maior clareza e tranquilidade na escolha da profissão. Somada a isso, está a emersão de práticas do *coaching* vocacional, cada vez mais populares e especializadas em auxiliar estudantes.

O *coaching*, de modo geral, funciona como um conjunto de métodos e práticas que propiciam o desenvolvimento pessoal e/ou profissional com foco no aprendizado e reconhecimento de habilidades e aspectos motivacionais do indivíduo. E de acordo com a International Coach Federation, o *coaching* é "uma parceria entre o *coach* (profissional treinado para entregar o processo de *coaching*) e o *coachee* (pessoa que passará por ele), em um processo estimulante e criativo que os inspira a maximizar o seu potencial pessoal e profissional, na busca do alcance dos seus objetivos e metas por meio do desenvolvimento de novos e mais efetivos comportamentos". Dessa forma, o *coaching* pode auxiliar no processo de escolha profissional.

Importa esclarecer que orientação vocacional e *coaching* vocacional não são sinônimos. Entende-se orientação vocacional como um campo amplo no qual diferentes profissionais atuam com o objetivo de auxiliar na escolha e no desenvolvimento da carreira no mercado de trabalho. Nesse tipo de orientação, são considerados os anseios e as características pessoais em consonância com as demandas do ambiente externo, auxiliando o indivíduo nas decisões que envolvem o seu futuro profissional (LISBOA, 2008).

Nesse sentido, a modalidade de *coaching* vocacional visa fornecer instrumentos de autoconhecimento e de auxílio à tomada de decisão para aqueles que anseiam realizar escolhas profissionais. Ele vai além da orientação vocacional (mais difundida), uma vez que não se limita ao campo psicológico e prescritivo.

A importância do *coaching* na escola

Para os jovens, em especial, o *coaching* vocacional pode ser de ajuda expressiva no momento de ingresso nos cursos superiores e profissionalizantes. Ele não traz em seu cerne a intenção de definir um caminho único e infalível a ser seguido pelas pessoas, mas cria meios para o ganho de confiança e de autoconhecimento, contribuindo para o desenvolvimento da maturidade necessária à realização da escolha profissional. Desse modo, ao conhecerem instrumentos de *coaching* vocacional, os estudantes podem ser beneficiados no processo de autoconhecimento e direcionamento de ações voltadas a uma escolha profissional mais assertiva.

Conforme Matta (2016), o *coaching* pode auxiliar na solução de problemas da educação, principalmente em relação à motivação, desempenho e interesse de professores e estudantes, sensibilizando as partes envolvidas e fazendo-lhes agir com vistas no futuro sucesso profissional. Para o autor, o *coaching* na escola pode colaborar com o desenvolvimento dos estudantes por meio da aquisição de competências, bem como no aperfeiçoamento de habilidades e atitudes relacionadas à aprendizagem.

Na fase de preparação para o vestibular, uma contribuição do *coaching* é a definição de aspectos que favorecem a definição das linhas de interesse do estudante na carreira pretendida, colaborando para a permanência no curso. O *coaching* focado no desenvolvimento fornece aos estudantes do Ensino Médio as diversas possibilidades de crescimento, de conhecimento e de aperfeiçoamento de competências para lidar com o meio acadêmico e profissional. Cabe mencionar que os impactos do *coaching* na vida pessoal e profissional vão além do curto prazo e cultivam o potencial de cada indivíduo, buscando maximizar os seus resultados.

Oito passos para acertar na escolha da profissão

No livro que escrevi em parceria com Aline Peixe, intitulado *8 passos para acertar na escolha da profissão – Um guia prático para você tomar a melhor decisão!*, estimulamos o jovem a realizar um *autocoaching*. É repleto de exercícios, ferramentas de *coaching*, dicas, perguntas reflexivas e imagens, o que torna a leitura leve e prática. Chegamos nesse método, pois no decorrer de nossa trajetória fomos aperfeiçoando nosso trabalho baseado na metodologia do Instituto MS Coaching de Carreira. Até que nossa experiência, aliada aos conteúdos absorvidos em nossas formações, deu forma a esta metodologia, formada por um passo a passo, para ficar mais fácil para jovens alcançarem o resultado desejado, que é a escolha assertiva da profissão. E como percebemos que ela trouxe resultados significativos a muitos jovens, resolvemos escrever o livro para dividi-la com aqueles que estão passando por esse difícil momento de decisão.

Convido você a conhecê-los abaixo:

Passo I – Analise como está a sua maturidade vocacional.
Passo II – Pense em quais são suas áreas de interesse.
Passo III – Encontre sua vocação e seu propósito.
Passo IV – Descubra quais são os seus valores.
Passo V – Trace o seu perfil.
Passo VI – Conheça quais são os seus talentos e habilidades.
Passo VII – Confronte com a realidade: pesquise muito.
Passo VIII – Analise as opções.

Autoconhecimento dos estudantes e fatores que influenciam a escolha profissional

O processo de desenvolvimento profissional via *coaching* tem como ponto de partida o autoconhecimento pessoal. E ao tratar do autoconhecimento para a tomada de decisão profissional, é necessário fazer o levantamento do nível de maturidade do estudante em relação à sua escolha profissional. Essa classificação é importante para ver quais aspectos ainda não foram totalmente desenvolvidos e trabalhar neles. Sampaio (2015) apresenta os 7 C's da maturidade para essa escolha, a saber: 1) Conhecimento de si próprio; 2) Conhecimento realista das influências; 3) Consciência da necessidade de escolher e decidir; 4) Consistência das preferências vocacionais; 5) Composição de uma carreira; 6) Conhecimento da realidade educacional; e 7) Conhecimento realista do crescimento econômico e das macrotendências.

E em recente pesquisa que realizei com estudantes do Ensino Médio, em parceria com duas colegas e uma docente da UFRPE, encontramos resultados interessantes que compartilho a seguir com você, caro(a) leitor(a), os principais.

De acordo com a pesquisa, constatou-se que, apesar de 90,4% dos estudantes acreditarem que as habilidades pessoais direcionam e ajudam na escolha da futura profissão, quase 30% revelaram que desconhecem suas aptidões, talentos e valores. É um dado preocupante, pois os jovens que conhecem suas habilidades têm mais chances de serem realizados e bem-sucedidos na escolha profissional tomando por base suas características pessoais. Se os estudantes escolherem a profissão de forma alinhada à vocação, aos talentos e aos seus valores, tomarão decisões mais assertivas em relação à carreira.

Além dos fatores internos, é importante considerar outros elementos que podem influenciar, positiva ou negativamente, a escolha profissional. Os participantes da pesquisa revelaram que as oportunidades existentes no mercado de trabalho e a família constituem fatores que influenciam diretamente na escolha profissional, conforme detalhado na figura abaixo:

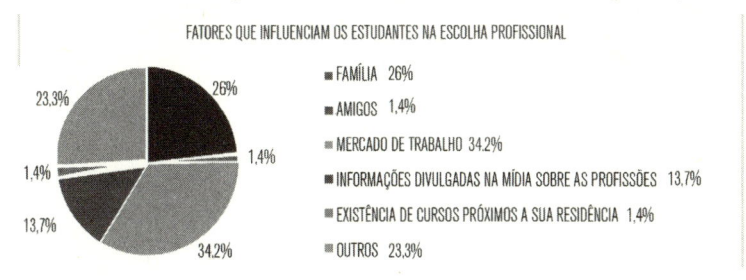

Fonte: elaborada pelos autores, 2016.
Figura 1. Fatores que influenciam os estudantes que participaram da pesquisa em sua escolha profissional.

Tomando por base a figura, percebe-se que são diversas as situações que podem exercer influência na escolha profissional de um estudante: os pais sendo contrários à escolha dos filhos e querendo que eles concretizem os sonhos que não conseguiram realizar; informações sobre crescimento ou crise em determinado setor do mercado de trabalho; a existência de cursos próximos à residência devido às facilidades de deslocamento; informações de profissionais sobre sua (in)satisfação na área em que atuam, dentre outros fatores.

Observou-se na pesquisa que 34,2% dos estudantes disseram que são influenciados pelo mercado de trabalho (as tendências dos setores em alta). Segundo Sampaio (2013), algumas áreas têm demonstrado que fatores externos influenciam na escolha profissional dos jovens. Um exemplo é o curso de Relações Públicas da Pontifícia Universidade Católica de São Paulo (PUC- SP), que teve um aumento expressivo de matrículas resultante do montante de empresas brasileiras que investiram em 2008 no exterior.

Outro dado que chama atenção na pesquisa é o fato de 26% dos respondentes afirmarem que são influenciados pela família. Tal influência geralmente é negativa quando os pais desejam que os filhos deem continuidade à sua profissão e falam para eles que só terão sucesso se seguirem seus passos. Em classes sociais mais elevadas, muitos jovens escolhem a profissão dos pais por acomodação ou medo de correr atrás dos seus sonhos.

Ainda sobre os fatores que influenciam na escolha profissional, é pertinente citar algumas respostas que os estudantes colocaram na opção "outros" do questionário aplicado: vocação; identificação com o trabalho; e amor à profissão.

Por fim, diante da relevância de se ter autoconhecimento e das influências externas que recebem, 41,1% dos participantes da pesquisa disseram que não se sentem seguros em relação à escolha profissional.

Considerações finais

Tomando por base os autores que fundamentaram este capítulo, os dados da pesquisa e o meu trabalho como *coach*, palestrante e facilitador de treinamentos, por meio do qual já pude contribuir com a carreira de mais de três mil jovens, a falta de autoconhecimento implica na baixa maturidade vocacional, o que os impossibilita de tomarem decisões mais assertivas em relação à carreira. Chamo atenção para uma demanda existente dos jovens em relação à necessidade de orientação profissional no Ensino Médio. Nesse âmbito, apresenta-se o *coaching* vocacional como uma prática que pode ser desenvolvida nas escolas visando assessorá-los na escolha da profissão.

> "Há dois grandes dias na vida de uma pessoa: o dia em que ela nasce e o dia em que ela descobre por que nasceu." – William Barclay

Para refletir:

O que você aprendeu com este capítulo que gostaria de compartilhar?
Qual foi o aprendizado mais profundo que absorveu deste capítulo?
O que passou a compreender?

Referências

CARVALHO, Paulo e PEIXE, Aline. *Oito passos para acertar na escolha da profissão*. Editora Cia do eBook, 2017.

MATTA, Villela da. *Como o coaching pode melhorar a educação do país*. 2016. Acesso em: 03 out. 2017.

SAMPAIO, M. *Influência positiva: pais e filhos, construindo um futuro de sucesso*. São Paulo: DSOP, 2013.

SAMPAIO, M. *Coaching vocacional: uma nova estratégia para ajudar os jovens em suas escolhas profissionais*. São Paulo: DSOP, 2015.

LISBOA, M.D. *Orientação vocacional/ocupacional: projeto profissional e compromisso com o eixo social*. 2008. p. 187-198.

13

Coaching familiar
Transformando a relação
de pais e filhos para melhor

Neste capítulo, conto como conquistei meu autoconhecimento
por meio do *coaching* familiar. Acredito que todos nós, pais,
somos capazes de encontrar a nossa melhor versão. E se houver
um desejo real de mudança, podemos nos tornar pais e mães
mais conscientes e infinitamente melhores para os nossos filhos.
Para isso, é preciso desbravar novos caminhos, e confiar que um
deles nos levará a uma convivência mais harmoniosa, respeitosa,
amorosa e feliz com nossa família

Priscila Trevisan

Priscila Trevisan

Coach profissional, especializada em *Kids Coaching* (modalidade do *Life Coaching* voltada para crianças e pré-adolescentes). Validadora e especialista, em Goiás, do Método *KidCoaching* por Márcia Belmiro – ICIJ – Instituto de Coaching Infantojuvenil em crianças com Altas Habilidades/Superdotação. Atua há sete anos no mercado como *coach* e acumula ampla experiência em atendimentos individuais e grupos. Entre suas formações e certificações em *coaching*, destacam-se as titulações de *Professional & Self Coach*, Analista Comportamental, *Business and Executive Coach, Master Coach, Neuro Coach* e *Coach* especialista em Linguagem Ericksoniana. Além disso, tem duas pós-graduações na área: uma em Gestão de Pessoas com *Coaching* e outra em Psicologia Positiva e *Coaching*; ambas pelo IBC – Instituto Brasileiro de Coaching, onde fez toda sua formação como *coach*.

Contatos
www.institutopriscilatrevisan.com.br
institutopriscilatrevisan@gmail.com
(62) 98249-1624

A única maneira de efetuar mudança autêntica, permanente, é ter uma profunda compreensão do que realmente precisa mudar. Quando assumimos a tarefa de nos tornarmos conscientes, percebemos que a inconsciência resulta de uma variedade de fatores entrelaçados. É por isso que não podemos simplesmente dominar uma estratégia engenhosa aqui ou uma técnica brilhante ali. A abordagem consciente é uma abordagem viva, de fôlego, orgânica, a todos os momentos, por meio da qual nossos filhos absorvem o nosso relacionamento com a vida e, desse modo, aprendem a seguir os seus espíritos, imprimindo assim a própria marca em suas vidas.

Ao ler este artigo, você estará fazendo parte de uma conversa comigo sobre como eu pude mudar algumas "chaves" na minha vida, em especial no meu relacionamento com a minha família. E é por meio das palavras da escritora Shefali Tsabary que iniciarei a contar a minha história e como o autoconhecimento adentrou minha vida e, principalmente, nos meus comportamentos.

Fui presenteada com a maternidade ainda jovem, precisamente aos 17 anos de idade, e o mais curioso desse fato é que a minha gestação foi algo que sempre desejei, ou seja, nada de dizer: "Foi acidente" ou algo dessa natureza. Hoje, aos 39 anos, com meus dois filhos: Lucas, de 21, e Pedro João, de 8, posso afirmar que, todos os dias, aprendo a ser uma melhor mãe, e muitos desses aprendizados são eles, os meus queridos filhos, que me ensinam. E a melhor parte é que aprendi que nós, mães e pais, podemos nos tornar ainda melhores por meio de um elemento essencial chamado diálogo. E foi exatamente com uma das ferramentas do *coaching*, chamada "ouvir na essência", que muitos desses aprendizados surgiram na minha vida.

Confesso que no início foi um grande desafio colocá-la em prática, mesmo porque é necessário que nós, enquanto pais, libertemo-nos de todas as crenças limitantes acumuladas ao longo da nossa existência e deixemos que os nossos filhos apenas falem com total segurança e, principalmente, confiança o que eles sentem, pois dentro deles existe também uma necessidade de serem respeitados pelo que são.

Muitas vezes, em minha trajetória como mãe, não permiti que meus filhos pudessem conversar comigo, pois logo vinha a minha mente os meus próprios "julgamentos", as críticas e a frase pronta: "Eu sou a mãe e sei o que é certo, o que é melhor para vocês". O resultado desse comportamento repetitivo era desastroso, cada vez mais percebia que não surtia efeito no sentido de mudar a situação, pelo contrário, só piorava a minha relação com eles, até que um dia decidi mudar essa chave, e foi por meio do meu autoconhecimento aplicando o *coaching* que pude me tornar uma mãe mais consciente dos meus pontos de melhoria e da "existência" dos meus meninos.

Aceitar que eu precisava mudar, transformar a minha visão familiar e expandir minha mentalidade não foi fácil. Quando somos pais, na maioria do tempo, nos colocamos numa posição de superioridade hierárquica um tanto quanto arcaica, como se nossa casa fosse uma empresa e nossos filhos os nossos empregados. Logo, queremos apenas que obedeçam nossas ordens e que jamais contestem ou discutam as nossas decisões. Entretanto, estamos falando de família, e família é a junção do todo, de todos os membros, de todas as partes. Portanto, considerar os sentimentos, emoções e percepções do outro é essencial para criar um ambiente harmônico e onde todos se sintam ouvidos, respeitados e amados.

Quando tomei esta consciência e me tornei uma mãe melhor, pude observar grandes mudanças comportamentais nos meus filhos, tais como: maior confiança em compartilhar comigo suas experiências de vida, mesmo aquelas não positivas. Imagine você escutando dos seus filhos situações das mais diversas naturezas, e aqui não quero citar as minhas apenas, mas deixar que cada um que lê este artigo agora reflita sobre quais seriam as palavras dos seus próprios descendentes: será que isso seria algo positivo na relação de vocês?

Eu afirmo que estes momentos de troca de ideias trouxeram mais confiança a minha relação com eles; algo importante para mim e que tanto buscava como mãe. Hoje, digo com toda a tranquilidade, isso é possível. Pais e mães, acreditem no poder de vocês, mesmo diante dos diversos obstáculos que a vida nos presenteia. Se eu consegui essa mudança, também são capazes, tudo é uma questão de escolha e de querer, a cada dia, melhorar a relação com seus filhos.

O papel do coaching neste processo

Falando sobre *coaching*, na acepção mais recente, a palavra, utilizada no Brasil com a grafia em inglês, passa ainda a se referir ao profissional (*coach*) que pratica o *coaching*, entendido como um processo de desenvolvimento humano que envolve uma interação estruturada e focalizada, bem como o uso de técnicas, ferramentas e estratégias apropriadas para promover mudanças comportamentais desejáveis e sustentáveis para o benefício do *coachee*[1] (cliente) (Cox, Bachkirova e Clutterbuck, 2010:1). O *coaching* surgiu na minha vida no ano de 2010, a partir de um trabalho como secretária executiva. No início, meu objetivo era exercer a minha profissão de formação, porém, após alguns dias na empresa, a palavra autoconhecimento despertou a atenção, e foi naquele momento que decidi fazer a minha primeira formação em *coaching*. Logo vieram as outras e hoje sou *master coach*, tenho duas pós-graduações em *coaching* e uma especialização na área infantil e adolescente.

E o mais interessante é que nos atendimentos realizados com adultos, observei que muitos deles traziam consigo algumas falas carregadas de traumas, crenças limitantes, comportamentos herdados dos seus antepassados, entre outros, e que os impediam de enxergar o lado positivo da vida. Acredito que mesmo nas situações negativas é possível aprendermos algo. Entendi que isso é possível, por meio da Psicologia Positiva, desenvolvida pelos psicólogos Martin Seligman e Mihaly Csikszentmihalyi. A partir daí, comecei a me questionar o quanto a nossa infância tem ligação direta ou indireta com a nossa fase adulta, e então descobri o *coaching* infantil e para adolescentes. Foi nesse momento que me identifiquei com as suas abordagens e conceitos. Logo após essa especialização, decidi atender famílias.

Meus atendimentos de coaching familiar

Ao longo dos meus atendimentos familiares, observei muitas frases repetidas, e a que mais me chamou a atenção foi: "Tenho dificuldade para conversar com o meu filho(a)". Assim, quando começava a investigar mais a fundo sobre essas falas, uma grande parte de mães e pais completava: "Na minha época, bastava um olhar dos meus pais para eu me calar". Foi a partir dessas frases que eu comecei a observar uma necessidade de desenvolvimento também e pude perceber o quão importante seria o processo de *coaching* familiar para eles.

O *coaching* familiar é uma poderosa vertente do *life coaching* (*coaching* de vida), e que tem como principal objetivo ajudar famílias a entrarem em sintonia, melhorarem a comunicação e as relações interpessoais, conquistarem maior equilíbrio e aumentarem a harmonia nas relações entre pais e filhos.

O trabalho de um *coach* familiar é o de fazer a família repensar seus comportamentos e atitudes e refletir sobre onde pode e precisa melhorar. Por meio de técnicas e perguntas poderosas de *coaching*, este especialista ajuda a identificar e a tratar seus principais problemas, a alinhar seus interesses para que os familiares atendidos possam aprender a respeitar a individualidade de cada um, promover a colaboração mútua, o respeito entre as pessoas e integrar suas forças em prol do bem-estar comum.

Neste sentido, vale ressaltar que o *coaching* familiar tem como um de seus preceitos o desenvolvimento do que chamamos de Comunicação não violenta, teoria desenvolvida na década de 1960, pelo psicólogo americano Marshall Rosenberg, e que tem como objetivo desenvolver uma comunicação mais assertiva, empática, em que as pessoas possam se relacionar de forma pacífica, eficiente e compassiva e, claro, sem agressões verbais.

Desse modo, por meio do *coaching* familiar, os pais podem perceber nos filhos muitos comportamentos seus, e quando isso acontece na prática ocorre um momento de profunda reflexão nessa família, pois o objetivo se torna algo em comum, saber o quanto eu me conheço como mãe e pai. O que eu preciso fazer na prática para tornar-me melhor para meu filho(a)? Gosto de dizer: "Para que tenhamos resultados diferentes, é preciso mudar alguns comportamentos".

O fato é que a mudança de comportamentos não acontece da noite para o dia. Isso requer prática diária, e desde o início do meu atendimento com a família reforço que é fundamental que cada um dos integrantes esteja consciente de que será preciso estar aberto a novos conceitos e que estes precisarão ser utilizados diariamente, pois não existe um "manual de instruções familiar" e muito menos um profissional "que conserta" pessoas.

Mas, pasmem, muitos pais e mães acreditam que isso é possível. Assim como muitos terceirizam a educação dos seus filhos, atribuindo a outros ou à escola esta responsabilidade. A minha proposta enquanto *coach* familiar é despertar nessas pessoas a consciência sobre os seus verdadeiros papéis enquanto educadores, pois os melhores educadores são os pais e mães.

Em um dos meus atendimentos, escutei de um pai: "Aqui eu tenho a oportunidade de tornar-me um pai mais consciente das minhas próprias atitudes, e se em algum momento eu perceber que não foi adequado para a ocasião, poderei experimentar outras ações em busca do melhor resultado para o meu filho". Confesso que quando escutei isso, pude comprovar que o método de *coaching* aplicado a famílias é extremante eficaz, principalmente àqueles que verdadeiramente acreditam e buscam a sua evolução enquanto pessoa.

No meu entendimento como profissional, tenho esse depoimento como a prova viva de que viver de forma consciente significa focar no processo e não no resultado. Esse pai em específico, antes, não tinha essa consciência. Assim como muitos de nós, foi necessário passar por um processo de *coaching* familiar para que esse aprendizado florescesse.

Uma grande conquista é que podemos ter uma relação familiar com mais propósito, afetividade e, principalmente, amor. Que tal você conhecer mais sobre o assunto? Compartilho que quando decidi mudar a minha chave, tornei-me uma mãe mais consciente e confiante em minhas ações, pois, muitas vezes, passei noites em claro pensando: "Onde foi que eu errei?"; "Será que não sou uma boa mãe?". Consequentemente essas frases me impediam de conhecer esse meu outro lado, o da autoconfiança, e me permitir o direito de errar sem trazer constantemente o sentimento de culpa e frustração para a relação com meus filhos. Hoje, posso afirmar que me sinto mais leve e assertiva na forma como me relaciono com a minha família e mais próxima dos meus meninos.

Por fim, em minha jornada como mãe, ocorreram vários desafios e, sem dúvidas, o maior deles foi quando meu esposo fez sua passagem para o plano espiritual. Quando esse fato ocorreu, eu já estava no caminho do autoconhecimento, mas ao me deparar, sozinha, com dois filhos: um de 14 anos e um de um ano e meio, eu pensei: "E agora?". Logo me surgiu a resposta: "Sim, acredite em você!" E em várias situações me deparei com aquela tristeza, porém buscava forças na minha capacidade de transformar esse momento em algo que me permitisse ser a melhor mãe para os meus filhos, e acredito que todos os dias posso validar essa frase.

Tenho plena convicção de que o *coaching* aplicado à família é uma ferramenta imprescindível nos dias atuais. Quando eu não tinha esse conhecimento, agia de maneira impulsiva, controladora, opressora, julgadora e, o pior, sempre acreditei que a razão era minha, e quando as coisas não ocorriam como eu "queria", me tornava vítima da história e culpava meus filhos por não agirem da maneira como eu queria. Hoje, quando revivo as minhas experiências, sou capaz de agradecer por todas elas, pois foi por meio das minhas dificuldades que me tornei a mãe e a profissional que sou agora, e acredito que essa evolução acontecerá até o meu último suspiro, pois somos seres em total evolução!

Hoje compartilho o que aprendi: ensinar é mais eficaz do que punir. E como diz o Dr. Augusto Cury, "queridos pais, não se condenem ao perceber seus erros, mas tenham coragem para corrigir suas rotas".

Para finalizar, se pudesse dar apenas um conselho sobre educação para cada pai e mãe, falaria somente isso: criança aprende com o exemplo. Entendi que não preciso ser a melhor mãe, o que realmente necessito é ser congruente com a minha fala, com meus pensamentos, comportamentos e atitudes. Não adianta, portanto, ensinar coisas lindas se o seu filho não o vê praticá-las. Reflita sobre isso, pois tenho certeza de que no momento certo tudo isso fará muito sentido para você. Que tal agora?

Referência

TSABARY, Shefali. *Pais e mães conscientes: como transformar nossas vidas para empoderar nossos filhos.*

14

Coaching para jovens em começo de carreira

"Voa, filho, voa, você é livre!"

Rául Flores Casafranca

Raúl Flores Casafranca

CEO da Green River Business & Management. Professor de Pós-graduação da Universidade Privada do Norte e outras universidades renomadas do Peru. Formado em Administração de Empresas e Comportamento Organizacional. Pós-graduado em Neuropsicología, Marketing, Estatística e Finanças, Master em Neurociências – Universidade de Murcia. Psicoterapeuta em Análise Transacional. Pesquisador, tem desenvolvido o estudo da utilização da Música Popular Brasileira no ensino da PNL, *Coaching* de Elevador e Desobediência Corporativa. *Coach* - ICF member. *Practitioner, Master Practitioner* e *Trainer* em PNL. Treinado por Richard Bandler, John Grinder e Tim Gallwey. *Coach* certificado pela ICC - Joseph O'Connor. Formado em Felicidade Organizacional pela Universidade Adolfo Ibáñez – Chile. *Trainer* no Peru, Brasil e México. Escreve artigos de conteúdo organizacional em diferentes revistas do Peru, Brasil e Argentina.

Contatos
www.greenriverpnl.com
rafcasafranca@pnlgreenriver.com
rafcasafranca@gmail.com
(51) 95897-5698

Escutei falar sobre aquela frase num dia em que eu cheguei cedinho ao aeroporto de Lima, no Peru. Aquela tarde, eu ia dar aulas na faculdade de uma universidade situada em Cajamarca, cidade da serra do meu país.

O que tinha acontecido de especial? Um casal chegou à sala de embarque depois de mim, ambos eram muito novinhos. Assim sendo, a mãe sentou na poltrona do meu lado. O pai ficou em pé olhando para o filhinho que tinha em média uns cinco ou seis aninhos. O filhinho por sinal não parava de correr de braços abertos simulando ser um aviãozinho, houve inclusive um momento em que o menino se aproximou do pai olhando e sorrindo para ele, aí o pai falou para a criança: "voa, filho, voa, você é livre!".

Tremi de emoção e fiquei arrepiado ao mesmo tempo, assim, logo depois de escutar aquela frase, me aproximei do pai e lhe dei os parabéns dizendo: "você sabe o tipo de ser humano que está criando?" Ele me respondeu: "sei sim, estou criando um ser humano livre e feliz para o futuro".

A linguagem cria realidades, isso é inegável, aquele pai com aquela mensagem estava criando uma realidade para aquele menino que, com certeza, no futuro ia mostrar um comportamento de liderança, assertivo, decidido, feliz, livre de "correntes invisíveis" e, sobretudo, criando mais aspectos positivos para ele e para a sociedade toda.

Plantas precisam de água para crescer, bem como homens precisam da linguagem para o seu desenvolvimento. O *coaching* tem a ver com a arte de escutar, de fazer perguntas e utilizar a linguagem de maneira positiva, não é por acaso que a psicologia positiva chama de "estilo explicativo" a maneira como utilizamos a linguagem para explicar os acontecimentos do seu dia a dia. Então, dito isso, os jovens iniciantes na arte do *coaching* precisam "regar" a sua mente com palavras construtivas e positivas, isto é, conversar desse jeito é dialogar tendo um estilo explicativo positivo, fazendo parte de um ótimo começo de carreira para os jovens iniciantes.

Antes de continuar, gostaria de explicar o motivo pelo qual costumo chamar o *coaching* de arte, ou seja, o fato principal tem a ver com a capacidade e a habilidade do *coach* de criar perguntas poderosas. Para mim, criação é arte mesmo e, ao mesmo tempo, arte é criação.

O que acontece no cérebro do jovem iniciante enquanto vai "regando" sua mente com palavras positivas? Vale a pena saber o que acontece. Na verdade, neurologicamente dentro do cérebro vão sendo criadas novas conexões neuronais, a dizer, novas sinapses, os neurônios vão criando novas "trilhas", isso quer dizer que o fato de os jovens começarem a utilizar de maneira constante palavras positivas terá como resultado um novo comportamento mais assertivo e mais positivo também, portanto, essa conduta ficará na medida em que o jovem for utilizando e reforçando a sua linguagem de maneira permanente.

O ser humano tem por construção e reconstrução a linguagem, logo, cada palavra é um tijolo que representa uma experiência, cada palavra tem a ver com emoções, fatos, lembranças etc. Desta feita, pilares do *coaching* com PNL são crenças, valores e metas. O uso da linguagem ajuda a criar crenças poderosas na nossa mente.

Meu jovem amigo, que realidade você está disposto a criar? Que palavras está utilizando no seu dia a dia? Como faz para neutralizar a linguagem negativa das outras pessoas?

O telegrafista da estação central do trem de Nova York

Meu pai costumava me contar histórias aos domingos logo após o café da manhã. Ele é muito bom contando anedotas, pois o tom de sua voz ajuda muito a fazer a narração. Além disso, a linguagem corporal dele cria as condições mentais de uma quase "realidade". Quem diria que até agora solicito a ele para contar aquela história pela enésima vez. O leitor pode acreditar que logo depois de cada narração, decerto ganho uma nova aprendizagem.

Há uma história que é a minha favorita. Eu pus o nome de "O telegrafista". Assim sendo, costumo contá-la aos meus jovens alunos do mestrado. Grosso modo, vou compartilhar com você. Fique por favor num lugar confortável e preste atenção.

É 1929, em Nova York, o ano da grande depressão. Há muito desempregado vagando pelas ruas da grande cidade, época de muita fome e de grande crise.

Muito cedo, Joseph McGuire, velho telegrafista desempregado, olha o jornal do dia de ontem procurando emprego, com isso, quase no final do jornal, num cantinho da última página, há um aviso muito pequenininho que diz: "procura-se telegrafista". O endereço tem a ver com a estação central de trem de Nova York, a data de apresentação, segundo o aviso, seria amanhã cedo, ou melhor, hoje mesmo.

Mês de janeiro, inverno no hemisfério norte, faz frio, sem contar a patética situação. Joseph pega o casaco de couro preto, o boné de lã e vai embora mais rápido do que um raio.

Ao chegar à estação de trem, grande foi a surpresa ao encontrar no local um monte de gente, muitos homens de diferentes idades conversando e fumando: todos eles fazendo bastante barulho.

Joseph coloca o jornal embaixo de seu braço e procura um cantinho dentro daquela grande sala, senta-se numa banca ao mesmo tempo em que olha para aquela grande multidão.

O barulho era insuportável, a entender, apenas dava para Joseph ter concentração nos seus pensamentos, mas algo acontece... No meio daquele barulho, Joseph consegue escutar algo quase imperceptível. Por instinto, tira o caderninho e o lápis do bolso interior de seu casaco. Aquilo que conseguia escutar era uma mensagem em código Morse. Foi escrevendo no caderninho aquela mensagem. O coração, no entanto, dispara quando a lê. O que havia escrito?

Joseph conseguiu ler o seguinte: "atenção, atenção, quem conseguir escutar esta mensagem, favor se aproximar ao escritório da estação central do trem de Nova York".

Nossa!, gritava para o seu interior. O coração estava a mil por hora. Imediatamente, Joseph corre até aquele escritório, bate à porta e escuta uma voz pausada dizer: "Pode entrar". Quase tremendo, entra e vê sentado numa cadeira de madeira um homem velho de viseira e óculos. O homem não fala nada, Joseph diz então: "Escutei a mensagem". O homem sorrindo lhe diz: "você é a pessoa que nós estamos procurando, o emprego é seu". Joseph apenas conseguia falar estreitando as mãos do homem velho cheio de emoção: "muito obrigado!".

Se alguém me perguntar por todo aquele monte de gente, eu poderia responder: "eles ainda estão esperando ser chamados".

Meu pai me deixou muitas lições com aquela história que costumo utilizar na minha vida de *coach* no dia a dia. Quais lições exatamente ele passou para mim? Falarei de algumas delas, principalmente a mais importante para mim: a iniciativa, a dizer, o fato de não ficar "sentado" na vida esperando ser chamado, o que também está relacionado a não ficar muito tempo na "zona de conforto".

Além disso, outra lição importante está ligada à arte de escutar, uma das principais competências do *coach* é esta: escutar. Além de ser uma abstração, escutar significa para mim o respeito e o fato de dar confiança às pessoas, ou seja, abrir as portas do meu coração.

Qual lição fica para você da história de "O telegrafista"?

Não tenho dúvida de que, conforme a experiência de cada um, proporciona uma lição especial.

As histórias possuem várias aplicações para os jovens em começo de carreira, primeiro, cria neles a habilidade de contar metáforas, figura de linguagem com papel muito importante no *coaching*. O *coach* pode transmitir uma ideia complexa, por exemplo, contando uma anedota. Além disso, a metáfora deixa uma lição que tem a ver com a descoberta da riqueza no interior de cada pessoa.

Alguém contou para você histórias enquanto criança? Costuma contar aos seus filhos? Você é um *coach* que conta anedotas ao seu cliente? Deixa como tarefa para os seus clientes criarem histórias?

Narrar histórias faz do jovem um grande contador de metáforas.

Tia Sarah, o livro de contos e as fábulas de Esopo

Lembro-me com muita clareza do dia em que fiz quatro anos de idade, eu nasci no mês de fevereiro, época de verão no hemisfério sul. Fazia muito sol e lembro também que me sentia muito feliz.

Naquele tempo, eu tinha uma tia de nome Sarah, irmã da minha avó materna Isidora.

Chegaram muitos convidados, ou seja, tios, tias, primos e primas, amiguinhos e amiguinhas do bairro: cada um deles trouxe algum regalo especial.

Acho que o presente mais bacana foi o que a tia Sarah me entregou, ela tinha comprado para mim um livro de contos. Havia muitas fábulas nele, lindos desenhos de bichinhos, cavaleiros, princesas e príncipes. Mas, tinha um detalhe: eu ainda nem sabia ler, embora me sentisse muito feliz pelo presente maravilhoso.

Mesmo sem saber ler, costumava olhar os desenhos e imaginar o conto como se fosse um filme dentro da minha cabeça. Alguém, geralmente meu pai ou minha mãe, costumava ler para mim antes de eu dormir. De todos aqueles contos, o que mais gostei foi: "Os três porquinhos e o lobo mau", alguém por acaso se lembra dele? O que tem de especial nessa história? A resposta vem a seguir.

Na mesma época, numa das minhas explorações no sótão, encontrei um livrinho muito velho, que sequer tinha capa. Além disso, suas folhas tinham sido perfuradas pelas traças, sem contar que não continha desenhos. Tirei-o daquele recinto e o levei para o meu pai. Aí ele me disse que o livro fora seu, da época de quando era muito mais jovem.

Pedi a ele que lesse algumas daquelas histórias. Histórias? Retrucou ele: esse livro não tem histórias, o que o livro tem são fábulas. Fiquei confuso quando escutei aquela palavra... Na verdade, era a primeira vez que eu conseguia escutar a palavra "fábula". Pai, o que é fábula? Ele me disse que fábula é uma narração literária breve cujos personagens são animais que pensam e agem como seres humanos e têm como objetivo uma lição moral. Na verdade, não entendi direito o que me falou, mesmo assim pedi a ele para ler uma...Fábula.

A cigarra e a formiga foi a primeira fábula que eu escutei na minha curta vida. Fiquei encantado, mas ao mesmo tempo muito triste com o final da cigarra... Acho que todo mundo conhece aquela fábula e lembra de que a formiguinha trabalhou muito duro no verão juntando comida para o inverno, enquanto a cigarra não parava de cantar e de dançar... Assim, perguntei a meu pai: cantar e dançar é ruim? Não é ruim, não – respondeu. Mas, apenas deixa uma lição, o que você aprendeu? Hum... Que vale a pena guardar comida para o futuro? Após a minha resposta, ele acrescentou: "vale a pena ser previsor".

A frase "vale a pena ser previsor" ficou e fica na minha mente até agora. Voltando ao conto dos porquinhos, não tem a ver com a mesma coisa? Não tem a ver com a previsão?

Pilares do *coaching* com programação neurolinguística – PNL- são crenças, valores e metas. Então, contos bons e especialmente fábulas têm muito de crenças não limitantes, valores e o fato de atingir metas, isso significa que na formação do jovem *coach* faz muito sentido "semear" aqueles conceitos nas experiências deles. Fica assim fortalecido o aspecto comportamental do *coach*, posso afirmar com total certeza que a experiência fica para a vida toda.

As primeiras perguntas do jovem coach

Dissemos que o *coaching* é arte, e o que mais? O *coaching* é a arte de fazer perguntas poderosas e tem como objetivo "tirar" do mais profundo das pessoas as respostas oportunas para atingir objetivos.

Falamos também da importância da linguagem na criação de realidades. Vamos falar agora da ferramenta das ferramentas, a saber, das perguntas, fazer perguntas faz parte ativa do aprendizado do jovem *coach*.

No nosso dia a dia, encontramos todo tipo de pessoa, muitas delas fazem parte do nosso cotidiano, da nossa vida íntima, do nosso círculo de trabalho, de negócios etc. Cada uma possui jeito especial de se comportar e de falar. Não é estranho escutar gente falando: "não consigo atingir minha cota de vendas", "não posso poupar dinheiro", "gostaria muito de tirar férias" etc. A pergunta é: o que você responde à pessoa? Você costuma dar conselhos? Meu amigo leitor, lembre-se de que o *coaching* não oferece conselhos e, sim, faz perguntas. Entretanto, o que responde quando alguém diz para você: "eu gostaria de ser mais pontual?"

Perguntas são varas de pescar, ou seja, quando são boas têm anzol e isca. Como você sabe quando uma pergunta é ótima?

Sabemos disso quando a pergunta (vara mais anzol mais isca) consegue chegar até as profundezas do inconsciente da pessoa.

Para os jovens iniciantes, eu escolhi três perguntas poderosas que por experiência própria têm ótimos resultados.

Elas são:

O que o impede...?

O que está faltando...?

Como seria se....?

Vou colocar um exemplo: alguém diz para você "eu não consigo expandir o meu negócio". Obviamente, você, *coach*, não responde oferecendo um conselho e, sim, respondendo: "o que o impede de expandir o seu negócio? " ou "o que está faltando para expandir o seu negócio?" ou também pode responder "como seria se você expandisse o seu negócio? ". Lembre-se sempre de parafrasear o seu interlocutor, assim, desse jeito, você ganha a confiança dele. Ele perceberá que você o escuta e tal fato significa o respeito pela pessoa.

Prezado leitor, tenha certeza de que as respostas vão ser diferentes das respostas comuns do cotidiano. Desta feita, experimente mentalmente as que você receberia. Vamos! Ânimo! Faça um exercício mental!

Voltando para as perguntas, vamos analisar cada uma delas:

O que o impede...? A pessoa identifica aquilo que a atrapalha a atingir seu alvo, pode ser alguém, de repente um familiar, uma cidade, um fato etc.

O que está faltando...? Com essa pergunta, o indivíduo consegue identificar aquilo que falta para atingir o seu objetivo. É uma questão muito respeitosa, porque a pessoa já fez alguma coisa a respeito do seu alvo e apenas está faltando um pedacinho da trilha.

Como seria se....? Essa pergunta leva a pessoa até o futuro, ela imagina de maneira sensorial aquilo que aconteceria logo ao atingir o seu objetivo. A pergunta mexe com a dopamina, relacionada especificamente à motivação.

Agora, há alguma pergunta que o jovem *coach* poderia evitar usar nos seus trabalhos pessoais e profissionais? Existe, sim, e a questão é: por quê?

Vamos ao exemplo anterior: "não consigo expandir o meu negócio", olha o que acontece se você perguntar: "por que é que você não consegue expandir o seu negócio?" Normalmente a resposta tem a ver com uma justificativa e... No *coaching* não adianta ter respostas dessa forma. O que nós procuramos no *coaching* são respostas efetivas, não justificativas. Para fechar a ideia, há uma frase muito interessante que diz: "Quem é bom de justificativas, é ruim de atingir objetivos". É você quem faz a escolha.

O que significa *Rizzolatti* para você?

E aí, você já ouviu falar da palavra *Rizzolatti*?

O que tem a ver esta palavra com o nosso tema de *coaching* para jovens no início de carreira?

Será que você costuma visitar a _Starbucks_ ou qualquer outro lugar de venda de café ou de sorvetes? Já parou para observar as pessoas enquanto estão tomando cafezinho, refrigerante ou, de repente, um sorvete?

Se ainda não observou, faça isso. As pessoas costumam "dançar" juntas sem perceber isso direito. Veja bem, se alguém se mexe para trás, a pessoa que está sentada na frente dela vai se mexer para trás também. Se a pessoa se mexer para frente, a outra pessoa vai se mexer para frente também.

Alguém já tem a resposta do significado da palavra *Rizzolatti*?

O *coach* é aquele profissional que está de olho na linguagem corporal do seu cliente. Segundo *Albert Mehrabian*, 55% da nossa comunicação tem a ver com a linguagem corporal ou a linguagem não verbal.

Será que nós refletimos os estados de ânimo das pessoas?

Acho que chegou o momento de dar resposta para a nossa primeira pergunta: você já escutou falar da palavra *Rizzolatti*?

Tudo bem, *Giacomo Rizzolatti* é um neurobiólogo italiano que tem algo de especial, ele fez a descoberta dos neurônios espelhos no ano de 1996, na Universidade de Parma, na Itália.

Pergunta: qual é a principal propriedade dos espelhos?

Refletir, isso mesmo!

Então, qual será a função dos neurônios espelhos?

Refletir os estados de ânimo, emoções e outros afetos das pessoas.

Isso significa que todos nós refletimos emoções e estados de ânimo.

Jovem *coach* iniciante, eu quero que você saiba que a linguagem corporal é a linguagem do inconsciente, e o inconsciente tem muito a dizer, as pessoas podem fingir enquanto estão utilizando a linguagem verbal, mas não conseguem fingir enquanto estão utilizando a linguagem não verbal.

O tema da linguagem não verbal ou corporal tem muita importância no *rapport*, isto é, entrar na comunicação entre o *coach* e o cliente. Mas o que é *rapport*? *Rapport* é o estabelecimento de confiança, harmonia e cooperação em um relacionamento. Em resumo, é o *rapport* que cria a confiança entre o *coach* e o cliente. O *rapport* é utilizado pelo *coach* desde o primeiro encontro com o cliente, além disso, o *coach* utiliza o *rapport* como ferramenta na comunicação com as pessoas o tempo todo.

O fato de conhecer a existência dos neurônios espelhos cria no *coach* a responsabilidade de transmitir bons estados de ânimo e emoções, isso tem muito a ver com uma das pressuposições da programação neurolinguística que diz: "O significado da sua comunicação é a resposta que você obtém".

Qual é a resposta que você deseja?

Comunicação e tecnologia

Imagine a seguinte cena: pré-história, especificamente a época paleolítica, a paisagem é bem diferente da atual. Há muita floresta e a savana é habitada por grandes animais, por exemplo, tigres-dentes-de-sabre, bisões-antigos, ursos das cavernas, grandes felinos pleistocênicos, lobos, enormes marsupiais, todos eles muito assustadores.

Vamos parar para pensar uma coisa, todos aqueles animais, além da sua força formidável, tinham muitos recursos físicos. O smilodon ou tigre-dentes-de-sabre tinha os caninos muito desenvolvidos, o bisão-antigo possuía chifres enormes, o urso das cavernas possuía uma musculatura e uma agressividade maiores do que as dos ursos atuais... Apenas pense... Imagine uma noite muito obscura naquela paisagem... Agora, imagine um homem e de repente uma família naquela noite obscura, morando dentro de uma caverna: todos eles nus. Perto do homem e enrolado num cantinho da caverna um bebê de colo e a mulher do homem... O que você acha que acontecia com aquele homem primitivo? Ele estava se sentindo temeroso? Como é que ele conseguia sobreviver no meio daquele mundo selvagem?

Os animais da época tinham muita força, é verdade, mas o homem possuía algo muito mais poderoso e desenvolvido do que o resto dos animais: o cérebro.

O cérebro permitiu aos homens criar e desenvolver algo novo e diferente no mundo: a tecnologia. Com certeza, o cérebro criou extensões físicas muito úteis para sobreviver. Imagine agora aquele homem levando uma lança na mão, imagine também uma fogueira no meio da caverna, aí o negócio muda um pouco, né? Será que o tigre-dentes-de-sabre ia gostar do fogo?

O tempo foi passando e os homens formaram clãs e, logo depois, tribos, foram desenvolvendo ao mesmo tempo a tecnologia e a comunicação, portanto, desenvolveram a linguagem.

Os conflitos acompanham-nos desde tempos imemoráveis, lutas pela terra, poder, recursos etc. Tais foram os motivos para muitos conflitos ao longo da história, não é por acaso que nos primeiros textos escritos pelo homem aparecem o conflito e a morte como argumento das narrações. Caim e Abel, por exemplo, não tiveram um final feliz. Você já parou para pensar que as intenções dos homens mudaram muito pouco? Inveja, ciúmes, ira, vaidade e outras especificidades continuam presentes na vida e nas relações dos seres humanos. Você já parou para pensar também que a comunicação pouco mudou desde as épocas antigas? O que realmente mudou na vida do homem? Resposta: a tecnologia.

A difusão e o uso da tecnologia vão de avião para a reação, enquanto que a difusão e o uso da comunicação vão de automóvel, logo, muito mais devagar. Ter um *smartphone* de ponta não garante uma ótima comunicação, menos ainda o estabelecimento de boas relações com outra pessoa com que você está conversando.

A tecnologia faz parte dos elementos da comunicação, não é comunicação mesmo, mas apenas o canal em que se processa (além do emissor, receptor, mensagem, código e contexto).

A tecnologia continua criando extensões, cada vez mais sofisticadas, mas a comunicação não evolui do mesmo jeito.

O que fazer então jovem leitor iniciante?

Vou pedir para que você reflita a respeito. Vamos colocar agora dentro desse contexto o *coaching*. O *coaching* é comunicação, *coaching* é escutar, *coaching* é fazer perguntas, *coaching* tem a ver com confiança e respeito. Então, há alguma coisa que impede você de aprender e de utilizar o *coaching* na sua comunicação?

Há um momento falei que a tecnologia vai de *jet*, enquanto que a comunicação vai de automóvel. Acho uma grande oportunidade de criar asas para a comunicação utilizando o *coaching* mesmo. Você pode! As gerações Y e *millennial* nasceram com a tecnologia, posso falar com certeza que a tecnologia faz parte do dia a dia dos jovens. Acho que neste preciso momento, você, jovem leitor, tem um *smartphone* na sua mão.

Será que você pode combinar a tecnologia com o *coaching*? Será que pode manter uma ótima comunicação utilizando a tecnologia?

A resposta é sim!

Mas o que é comunicação? Comunicação é a transmissão de informação, conhecimentos, experiência. Também está relacionada à sobrevivência e ao desenvolvimento, portanto, transmite significados, estados de ânimo e emoções. O tempo todo estamos nos comunicando. Em termos de programação neurolinguística, comunicação é um modelo de como você compreende o seu mundo e os comportamentos que manifesta. Veja só, há muita informação ao nosso redor, o ser humano possui limitações neurológicas, sociais e individuais para processar tudo isso, então, a informação é filtrada da percepção consciente pela deleção, pela distorção ou pela generalização. Ainda, o que o ser humano realmente filtra (deleções, distorções e generalizações) depende das suas crenças, linguagens, decisões, valores, memórias, metas, programas etc. A comunicação tem a ver de maneira direta com a definição da programação neurolinguística: "é o estudo da estrutura da experiência subjetiva". Em resumo, comunicamos a nossa experiência subjetiva o tempo todo.

Então, o que fazer para entender o que as pessoas tentam nos dizer desde a sua experiência subjetiva?

O *coaching* com programação neurolinguística utiliza o metamodelo da linguagem como ferramenta. O metamodelo ajuda a identificar distorções, omissões e generalizações comuns que obscurecem a estrutura profunda e/ou o significado original que as pessoas têm no seu mundo interior. As ferramentas do metamodelo da linguagem são as perguntas. O metamodelo da linguagem torna conscientes as limitações do nosso mapa mental. Por meio do metamodelo, uma pessoa se expande, explora e/ou verifica seu mapa mental, detectando incongruências, limitações ou defeitos, de forma que pode ter um comportamento mais eficaz, coerente e saudável.

Você pode fazer um ótimo uso da comunicação mediante a linguagem utilizando o *coaching* com a PNL.

Prezado jovem leitor, nossa vida é cheia de escolhas, qual é a sua? Continuar utilizando a tecnologia da maneira como está atualmente ou dar um *plus* a sua comunicação virtual? Você tem a resposta.

Os jovens em começo de carreira e o pensamento sistêmico

O que é necessário ocorrer para a chuva cair? O que tem que acontecer para um incêndio florestal ser iniciado na época do verão? O que faz um homem adoecer de câncer no pulmão?

Para a chuva cair, a água precisa evaporar. Para um incêndio florestal começar, é suficiente uma faísca no meio das folhas secas e, normalmente, para adoecer de câncer no pulmão, é necessário fumar.

Pequenos fatos, grandes eventos. Acontece o tempo todo, mas isso é perceptível? As pessoas são cientes dos pequenos fatos que estão ao nosso redor? Nem sempre isso acontece.

Tenho algumas histórias que têm a ver com o pensamento sistêmico.

Faz alguns anos, em Lima, Peru, havia um jovem gerente de vendas de uma conhecida linha aérea comercial. Todos os dias, ele costumava ir até o aeroporto a fim de embarcar os passageiros para logo depois voltar ao seu escritório no centro da cidade.

Um belo dia, Carlos, o gerente, estava indo embora do aeroporto, muito perto da porta automática. Assim, conseguiu ver um viajante americano que estava carregando duas malas muito pesadas. A característica de Carlos era a de ser uma pessoa muito gentil. Por conseguinte, sem pensar duas vezes disse para o americano: "será que posso ajudar o senhor?". O americano olhou para Carlos e, com um sorriso de agradecimento, aceitou. Carlos fez uma nova pergunta: "o senhor vai viajar para onde? Qual é o balcão da linha aérea? ". Aí o americano respondeu: "estou viajando para a cidade de São Francisco, vou para aquele balcão". O americano acrescentou: "você trabalha naquela linha aérea?". "Não trabalho nessa linha aérea, não", disse Carlos, completando. "Eu trabalho naquela outra". O americano ficou pensativo. Chegaram até o balcão, o americano estreitou a mão de Carlos e falou para ele: "me dá o seu cartão?". Carlos tirou um cartão do bolso e o entregou.

Passaram dias, semanas e meses, até que em um dado momento a secretária de Carlos recebeu a ligação de um estranho: "Oi, Carlos. É para você", gritou ela. "Quem é?, respondeu Carlos. "Sei lá", respondeu ela, completando, "tem sotaque americano". Carlos atendeu a ligação, mas não conseguia identificar o sujeito, aí o homem da ligação disse para Carlos: "você se lembra de que me ajudou com as minhas malas faz alguns meses e se lembra também de que eu solicitei o seu cartão?". "Ah, já me lembrei do senhor", disse Carlos após alguns segundos. "O que posso fazer pelo senhor?". O americano respondeu: "olha só, eu sou o diretor geral dos hotéis Sheraton para a América do Sul, temos planejado abrir um hotel na cidade de Lima, Peru, e gostaríamos muito de que você fosse o gerente geral".

Um tempo depois, Carlos olhava tranquilamente a cidade de Lima desde o seu escritório no último andar do prédio do novo Lima Sheraton Hotel. E tudo graças à gentileza de Carlos.

Mais uma história que vem da velha Inglaterra

Ano de 1485, dia 22 de agosto. Ricardo III, rei da Inglaterra, encontra-se pronto para defender sua coroa. Henrique Tudor, conde de Richmond, o desafiou e o confrontou na batalha de Bosworth.

Muito cedo, o rei Ricardo mandou suas tropas, a fim de que se preparassem para a batalha. Pouco antes da luta, enviou um cavalariço para deixar pronto o seu cavalo. Assim, até aquele momento, o ferreiro tinha pregado três ferraduras, ainda estava faltando pregar mais uma. O cavalariço, muito impaciente, disse para o ferreiro: "estou ouvindo as trombetas agora, não dá para esperar mais! ".

O ferreiro disse para o cavalariço não ter pregos suficientes, mas recebeu como resposta: "use o que tiver à mão ". Aí o ferreiro, assustado e apressado, deixou de colocar um prego na ferradura.

O ponto faz parte da história, ou seja, o rei tentando juntar parte do exército que estava debandando, galopou de maneira desesperada, porém, antes de chegar até eles, justamente a ferradura que tinha um prego a menos soltou-se, o que resultou na queda de seu cavalo, levando também a sua queda, ou seja, a do rei Ricardo.

O rei foi morto naquele mesmo dia. Henrique foi coroado como o novo rei da Inglaterra. E desde então as pessoas da Inglaterra costumam dizer: "Por falta de um prego, perdeu-se o reinado".

Jovem leitor iniciante, faz parte da formação do *coach* ter presente os pequenos "pregos", a dizer, os pequenos detalhes na sua vida pessoal e profissional. No trabalho de *coaching*, o *coach* identifica, no início do processo de *coaching*, os obstáculos que poderiam atrapalhar o *coachee* no que diz respeito a alcançar a sua meta. Em suma, a identificação desses obstáculos tem a ver de maneira direta com o pensamento sistêmico.

Na prática, na maioria das vezes, as pessoas ganham a habilidade de pensar sistemicamente ao longo da vida; com a experiência. O que aconteceria se desde cedo você, meu jovem amigo, possuísse o grande poder de enxergar além do cotidiano?

15

Minha profissão, uma escolha que me levará ao sucesso?

Caro leitor. "A vida é uma questão de escolhas, e toda escolha que você faz é o que faz você. O que você fará por sua carreira? Com quem você se casará? Onde você morará? Até onde você irá em seus estudos? O que você fará com o dia de hoje? Mas uma das escolhas mais importantes que você fará é quem você vai se tornar!"
(John Maxwell)

Rita Zózimo

Rita Zózimo

Palestrante, escritora, *coach* de liderança e *Mastermind* certificada pela JMT University – Flórida, EUA. Membro da John Maxwell *Team*. *Professional & Self Coach*, analista comportamental e analista 360º – pelo IBC. Graduada em Pedagogia e Orientação Educacional. Especialista em Orientação Vocacional. Pós-graduada em Psicopedagogia Clínica e Institucional e em Qualidade em Gestão Educacional. CEO na empresa Planet Printer – Dados Variáveis a laser. Frequentou o Profissão *Coach*, de Geronimo Theml. Atuou por 25 anos como diretora na Associação Brasileira de Ensino Universitário – ABEU. Como uma JMT, é facilitadora do Projeto YOUTHMAX Plus, um programa de liderança juvenil do John Maxwell Team e Nick Vujicic, esse programa inspira e prepara os jovens a valorizarem a si mesmos e os outros, por meio do desenvolvimento e manutenção de uma autoimagem positiva.

Contatos
www.johncmaxwellgroup.com/ritazozimo
www.ritazozimo.com.br
coachritazozimo@gmail.com
Facebook, Instagram e Twitter: coachritazozimo
(21) 97927-5253

Constantemente alguém me pergunta como abordar o tema "sucesso profissional" para jovens no início de carreira, diante da diversidade de questões que envolve esse assunto.
Como fazer a escolha correta? Vocação é uma questão de escolha? E se eu fizer a escolha errada? Essas e outras centenas de questões levam muitos jovens a crises substanciais. Parece um absurdo e, no entanto, muitas vezes, são essas crises que são essenciais para a mudança de rota do indivíduo. Levando-o para além das ilusões.

Quando eu tinha oito anos de idade, brincava de ser professora, aos 12 afirmava que seria professora, aos 18 era atendente em uma loja de departamentos, aos 20 casei-me e passei a acreditar que sonhar com uma profissão era coisa de quem não tinha o que fazer.

Definir como iremos atuar profissionalmente depende exclusivamente do contexto em que nos encontramos no exato momento em que entramos na chamada fase adulta. Essa era a minha fala e crença. Somente ao passar por um processo de maturação e de tomada de consciência a respeito do caminho que queria seguir para ser feliz é que entendi que, sobretudo, na solidão de uma escolha errada muitos, inclusive eu, entendemos que nossos sonhos de criança fazem sentido e delineiam tendências já visíveis em nossas brincadeiras infantis. O medo do desconhecido pode ser superado pela busca do conhecimento complementar e constante. Muitas vezes ao enfrentarmos algo que não conhecemos, embora fiquemos empolgados com as muitas possibilidades, sentimos medo e insegurança. No entanto, a ansiedade, o medo e a insegurança ocorrem, na maior parte, devido à falta de experiência. Mas podemos reduzir ou eliminar, completamente, esses sentimentos apenas pela aquisição e utilização de novos conhecimentos.

O tempo passou, as frustrações continuaram até que descobri que podemos nascer novamente. Afinal, estamos vivos para criar, imaginar planejar, produzir, realizar e reavaliar a qualquer momento. Nascia aí a certeza de que os meus sonhos de infância faziam sentido para mim. Kierkegaard diz que: "A vida só pode ser entendida olhando para trás, mas precisa ser vivida olhando para a frente". Foi olhando para o futuro que nasceu a especialista em Educação, com especialização em Orientação educacional. Durante 25 anos de atuação nesse mercado, descobri, ao orientar milhares de jovens em suas escolhas profissionais, o quanto é prazeroso encontrar a profissão que libera um brilho intenso no olhar. Quando isso acontece, o desejo de aprender torna-se um ciclo vicioso. Quanto mais conhecimento adquirido, maior a chance de apaixonar-se pela carreira escolhida e, consequentemente, aumentam as chances de competir no mercado profissional. Sempre fui apaixonada por desenvolver pessoas que buscam esse brilho no olhar e queiram ser felizes em suas profissões. É importante ressaltar que não devemos tornar "ser felizes" um objetivo de vida. A felicidade não é um estado permanente. Estabelecer tal meta é insatisfatório. Em qualquer atividade, seja profissional ou não, lembre-se de que a felicidade é uma emoção, não um ponto final. Principalmente para profissionais em início de carreira. Quando tudo é novidade, inclusive o lidar com as situações conflitantes, isso faz parte da vida e não define o insucesso. Conciliar sua carreira ao seu sucesso não põe um ponto final nos problemas, mas direciona suas ações. Perceber que a felicidade faz parte da vida e que fazer o que se gosta reduz as reações emocionais negativas precisa ser uma meta alcançável.

Descobri nessa etapa, com meu grande líder John Maxwell, "que tudo começa e acaba na liderança". O potencial para liderar e influenciar pessoas com foco no desenvolvimento pessoal precisava ser evidenciado. Defini que precisava plantar sementes para ajudar outras pessoas, fiz isso me tornando uma especialista em Liderança e idealizando um programa de desenvolvimento para ajudá-las a construir pontes que as levem de seu estado atual ao estado desejado. Nascia aí o PCL – Programa de Capacitação de Líderes. Quanto mais você for se certificando de que está fazendo o que deveria fazer, maiores serão suas chances de causar impacto nos outros e de ser bem-sucedido com o que se propõe a fazer.

Onde encontrar o sucesso

O desafio dos jovens é acreditar que podem alcançar o sucesso, compreendendo seu real significado. Maltbie D. Babcock disse: "Um dos erros mais comuns e um dos mais custosos é pensar que o sucesso acontece por causa de algum gênio, mágica, uma coisa ou outra que não possuímos".

E foi assim que descobri que o tão almejado "sucesso profissional" estava em mim. Isso mesmo! O "sucesso profissional" nasce dentro de você. Por isso, cada indivíduo tem um ponto de vista a respeito de sucesso. Para alguns, o reconhecimento no mercado, segurança financeira, viagens internacionais, alcançar um cargo de direção, abrir seu próprio negócio, definem seu sucesso. Para outros, ter mais tempo com a família, possuir mais tempo disponível para estudo, trabalhar menos, está diretamente associado ao sucesso. Seja qual for o seu significado de sucesso, indico algumas atitudes que, se bem trabalhadas, favorecerão o caminho que você irá trilhar para atingir seus objetivos profissionais. Fique atento às características a seguir.

Autoconhecimento. Saiba quais são seus pontos fortes e que aspectos precisa melhorar. Autoconhecimento é a capacidade que nos permite perceber e agir de forma gradativa sobre tudo aquilo que necessitamos transformar em nós mesmos. Assim, você pode se fazer valer de suas qualidades e ter uma visão clara do que precisa atingir ao longo de sua carreira.

Objetivos profissionais. Saber aonde você quer chegar é fundamental para alcançar o sucesso profissional. Defina metas de curto, médio e longo prazos e trabalhe para alcançá-las. Objetivos bem elaborados geram resultados qualitativos e quantitativos para sua vida.

Desenvolvimento contínuo. Desenvolva suas competências técnicas, de conteúdo e principalmente de relação, aproveite as oportunidades que as empresas oferecem, com mentorias, treinamentos, *coaching* ou busque esses serviços no mercado.

Resiliência. É a habilidade do indivíduo de desenvolver confiança em si mesmo e superar obstáculos, resistir à pressão de situações adversas, sem perder o equilíbrio. As empresas valorizam os profissionais que possuem autocontrole nos momentos de crises. A vida é uma eterna mudança com cobrança por metas e resultados cada vez maiores.

Persistência. Para ser um vencedor não basta querer. É preciso aprender com os erros e não desistir nunca, nascer novamente se necessário for, corrigir sua rota até alcançar o resultado esperado.

Networking. Manter uma boa rede de relacionamentos contribui para a troca de experiências, conhecimentos, apoio, e muitas vezes indicações para novos cargos. Cultivar uma boa convivência nas esferas profissionais e pessoais favorece o crescimento pessoal e profissional.

Ética. Defino ética como sendo o fator que nos impulsiona na direção correta para alcançarmos algo novo, melhor ou superior. A base propulsora para que cheguemos lá. A postura ética e o sucesso caminham juntos. Um profissional com valores éticos sólidos segue regras e contribui para o desenvolvimento da equipe e da empresa. Conquista a confiança de seus líderes e liderados, quesitos fundamentais para o alcance do sucesso.

Considerando que vivemos em uma sociedade economicamente constituída com base no trabalho como a única forma de subsistência, torna-se difícil acreditar em outra forma de buscar equilíbrio que não seja tornando-se um profissional de alta performance. E isso não se consegue atuando em uma atividade com a qual não sonhamos, nem mesmo em nossos sonhos de criança ou não nos sentimos confortáveis com o nosso fazer. Foi por não me sentir confortável com o que fazia que descobri que nunca é tarde para fazermos o que acreditamos. Quando atingi esse conhecimento, escolhi ajustar "os ponteiros", aprendi a dizer não para tudo que não agregava valor a minha vida, assim consegui tempo e possibilidades para focar no que realmente me daria prazer e, consequentemente, as respostas que buscava. Desejar, sonhar e realizar virou a minha razão de viver. Entendi durante minha caminhada que só alcançamos sucesso, em qualquer área de nossas vidas, quando encontramos a razão pela qual viemos ao mundo. O nosso sucesso profissional está intimamente ligado a nossa missão de vida. Acredite: cada pessoa possui talentos e recebe oportunidades que a ajudarão a melhorar, cada uma tem um propósito para o qual foi criada e precisa descobrir, dentro de si, o porquê de sua existência. Isso inclui você. Quando temos clareza do motivo pelo qual existimos, temos clareza do que podemos e devemos fazer que dará sentido a nossa vida.

Construindo sua missão e visão

Missão: estabelece o que fazemos e por que fazemos – razão de viver. É o princípio, o meio e o fim de tudo. Quando definimos nossa missão, nossa existência ganha forma e sentido.

Visão: estabelece aonde queremos chegar, o que nos guiará até lá e quais os resultados que pretendemos conquistar.

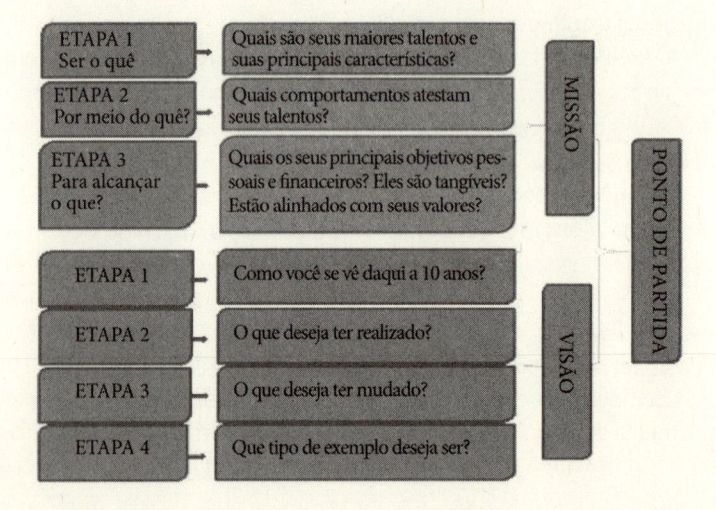

Deixo aqui para você uma dica que fez todo sentido para mim. Reserve alguns minutos, escolha um lugar tranquilo, onde não tenha nenhuma interferência, procure uma posição confortável. Limite-se ao silêncio interno e externo. O silêncio preserva sua capacidade de entender o que seu coração e mente querem dizer.

E aí eu pergunto, faz sentido para você? Se a resposta for positiva, então é hora de colocar no papel.

Missão pronta, parabéns! É importante refletir sobre seus principais objetivos profissionais e como eles se alinham com as suas metas de vida. A elaboração da missão pessoal ajudará a identificar seu estado desejado, seu propósito de vida e o que espera do seu trabalho?

Meu objetivo, como *coach* e especialista em Orientação Vocacional, é conscientizar os *coaches*/clientes sobre a importância da definição de um projeto de carreira. Lembrando que o êxito do seu projeto está na coerência entre a suas maiores inspirações pessoais e seus objetivos profissionais. O cuidado em preservar o "diálogo" entre essas duas vertentes definirá a satisfação do profissional que você pretende ser e, muitas vezes, de seus familiares. Então mãos à obra! Considerando que você já criou sua missão, é hora de partir para algumas ações práticas:

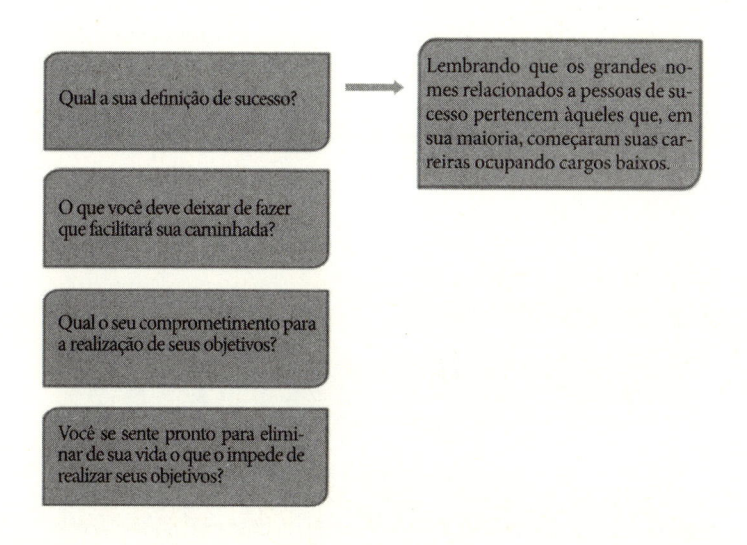

Perguntas que norteiam um planejamento

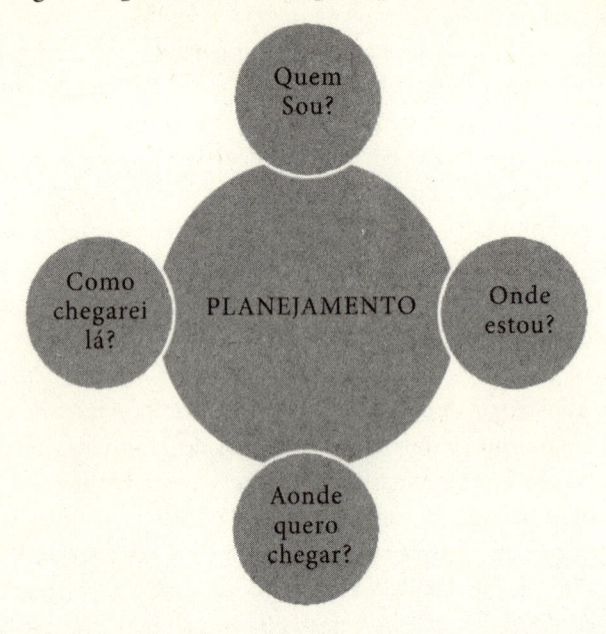

"O planejamento é uma ferramenta administrativa que possibilita perceber a realidade, avaliar os caminhos, construir um referencial futuro, estruturando o trâmite adequado e reavaliar todo o processo a que o planejamento se destina."
(Autor desconhecido)

Querido leitor, desejo que você use intencionalmente sua influência para construir um futuro brilhante. Deseje mais, sonhe mais, conquiste mais. Afinal, não existe impossível para quem tem coragem de ousar ir além. Lembre-se sempre de que quanto mais se conhece, mas próximo de acertar você estará.

Até breve e lembre-se ...

$$SUCESSO - FELICIDADE = FRACASSO$$

$$SONHO + FOCO + AÇÃO = RESULTADO$$